गाँधीनामा

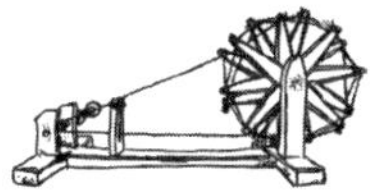

गाँधीनामा

अकबर इलाहाबादी

प्रस्तुति

रख़्शंदा जलील

लिप्यन्तरण

प्रदीप साहिल

वाणी प्रकाशन

वाणी प्रकाशन
4695, 21-ए, दरियागंज, नयी दिल्ली 110 002
फ़ोन : +91 11 23273167 फ़ैक्स : +91 11 23275710

शाखाएँ
अशोक राजपथ, पटना 800 004, बिहार
कॉफ़ी हाउस कैम्पस, महात्मा गांधी मार्ग, इलाहाबाद 211 001, उत्तर प्रदेश
महात्मा गांधी अन्तरराष्ट्रीय हिन्दी विश्वविद्यालय, वर्धा 442 001, महाराष्ट्र
सुल्तानिया रोड, मोतिया पार्क, भोपाल 462 001, मध्य प्रदेश

www.vaniprakashan.com
marketing@vaniprakashan.in
sales@vaniprakashan.in

GANDHI NAMA
by Akbar Allahabadi
Presented by Rakhshanda Jalil
Transliteration by Pradeep Sahil

ISBN : 978-93-89915-01-3
History

प्रथम संस्करण 2020

मूल्य : ₹ 199

सिटी प्रेस, दिल्ली-110 095 में मुद्रित

वाणी प्रकाशन का लोगो मक़बूल फ़िदा हुसेन की कूची से

अनुक्रम

पेश लफ़्ज़

मोहनदास करमचन्द गाँधी की करिश्माई शख़्सियत ने दक्षिणी अफ्रीका से वापस आने से पेश्तर ही अदीबों और शायरों को मुतासिर करना शुरू कर दिया था। 1909 में दक्षिणी अफ्रीका से समुद्र के रास्ते लन्दन आते हुए गाँधीजी पहले ही एक ग़ैर-मामूली दस्तावेज़ लिख चुके थे, यह दस्तावेज़ था हिन्द स्वराज, जो एक गुफ़्तगू की शक्ल में खुद उनके और एक ख़याली पाठक के बीच था। इसमें गाँधीजी ने हिन्दुस्तानी आज़ादी के बाबत अपने ख़यालों के मुतालिक़ एक ख़ाका पेश किया था। यह ख़याल था अपने से मुख़्तलिफ़ विचार वाले और पूरी तरह हथियारबन्द इन्सान के ख़िलाफ़ रूहानी ताक़त और सहनशीलता का मुज़ाहिरा करके जंग में फ़तह हासिल करना। इस दस्तावेज़ को बड़ी तादात में पहले अंग्रेज़ी और बाद में उसके हिन्दी तर्जुमे में पढ़ा गया और इसमें स्वराज के बहुत बड़े मुक़ाम पर असर डालने वाले उस समय के अदीबों और शायरों के ख़यालों को इस्तेमाल में लाया गया था। दरअसल, जब गाँधी दक्षिणी अफ्रीका में थे, तब भी अदीब और शायर लोग उन्हें उम्मीद की एक रोशनी के तौर पर पेश करने लगे थे। इन सतरों को लिखते हुए ब्रजनारायण चकबस्त गाँधीजी से मुख़ातिब हो रहे हैं :

वतन से हैं तो दूर पर निगाह कर लेना
इधर भी आग लगी है ज़रा ख़बर कर लेना

1915 में गाँधीजी के भारत लौटने के बाद पहली आलमी जंग (1914-1918) के उथल-पुथल से भरे सालों के बाद 1919 में जलियाँवाला बाग में हुए नरसंहार और 1920 में चले पहले असहयोग आन्दोलन के बाद उर्दू शायर की मानसिकता में कुछ बदलाव आया। इससे उनकी उत्कण्ठा और जोश का स्थान एक ठोस आशावाद ने ले लिया। क्रान्ति के लिए प्रयास और तेज़ हो गये और क़ौमपरस्ती की भावना मज़बूत हो गयी। 1917 में आवाज़-ए-क़ौम में लिखते हुए चकबस्त पूरी पीढ़ी को मुख़ातिब करते हुए घोषणा करते हैं :

ज़मीं से अर्श तक शोर होम रूल का है
शबाब क़ौम का है, ज़ोर होम रूल का है
तलब फ़िज़ूल है काँटे की फूल के बदले
न लें बहिश्त भी हम, होम रूल के बदले

और *वतन का रंग* में एक बार फिर चकबस्त यह क़बूल करते हैं कि दूसरे लोगों की तरह उन्हें भी गाँधीजी से प्रेरणा मिलती है :

हमारे वास्ते ज़ंजीर-ओ-तौक़ गहना है
वफ़ा के शौक़ में गाँधी ने जिसको पहना है

अपने वक़्त की शायरी की सबसे ताक़तवर आवाज़, इक़बाल गाँधीजी के बारे में लिखते हैं :

गाँधी से इक रोज़ यह कहते थे मौलवी
कमज़ोर की कामंद ने दुनिया में ना रसा
नाज़ुक है सल्तनत सिफ़्त-ए-बर्ग-गुल नहीं
ले जाये गुलिस्ताँ से उड़ा कर जिसे सबा

व्यापक रूप से सम्मानित मज़हबी रहनुमाओं के साथ-साथ देश के कुलीन और आम लोगों में गाँधी जी की बढ़ती हुई

शोहरत को देखते हुए देवबन्द के आदरणीय आलिमान (मिसाल के तौर पर मौलाना महमूद हसन) ने 1920 में एक फ़तवा जारी कर दिया जिसमें उसी साल गाँधीजी द्वारा शुरू किये गये अहिंसक 'असहयोग आन्दोलन' को धार्मिक मंज़ूरी दी गयी जिसने उन्हें उस वक़्त के उर्दू साहित्य के लिए एक विषय बना दिया। एक साल पहले, 1919 में गाँधीजी को अली बन्धुओं ने यह यक़ीन दिलाया था कि हिन्दुस्तानी मुसलमानों के लिए ख़िलाफ़त उन्हें अपनी जान से भी प्यारी है और अगले चार साल तक, गाँधी और ख़िलाफ़त अमूमन एक-दूसरे के पर्यायवाची शब्द बनने के साथ ही ख़िलाफ़त आन्दोलन हिन्दुस्तानी मुसलमानों के लिए किसी बवण्डर की तरह पूरे हिन्दुस्तान में फैलकर पहला इंक़लाबी जन आन्दोलन बन गया और शायर और अख़बारनवीस दोनों समान रूप से उत्तेजना में उन पर लिखते रहे।

जैसे ही ख़िलाफ़त आन्दोलन कमज़ोर पड़ा, गाँधीजी द्वारा उठाये गये दूसरे मुद्दों पर उर्दू अदीबों द्वारा साफ़-साफ़ बोलना शुरू कर दिया गया, फिर चाहे वे खेती-बाड़ी से मुतालिक़ तकलीफ़ें हों या फिर अछूतों के ख़राब हालात से जुड़ी मुश्किलें। मिसाल के तौर पर, प्रेमचन्द निजी तौर पर गाँधीजी से बहुत मुतासिर थे। उनके *स्वराज्य* और *लाल फीता* नाम के अफ़साने और *रंगभूमि* नॉवेल उनके इस असर को दिखाते हैं। उर्दू में गाँधी पर या गाँधी से ताल्लुक़ रखते उस समय के गद्य लेखक सआदत हसन मंटो द्वारा लिखा थोड़ा मज़ाक़िया अफ़साना *स्वराज्य के लिए* और थोड़ा ज़्यादा संजीदा अफ़साना था सुदर्शन द्वारा लिखा गया *गुल खारिस्तान*।

अपने वक़्त के कई मशहूर और कामयाब शायरों ने जो आज वक़्त के साथ भुला दिये गये हैं, गाँधीजी पर लिखा। यहाँ

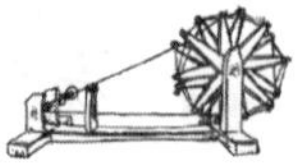

आफ़ताब रईस पानीपती गाँधी बाबा पर पूरी ज़िन्दादिली और क़ौमी नाज़ के साथ लिखते हैं :

स्वराज का झण्डा भारत में गड़वा दिया गाँधी बाबा ने
दिल क़ौम-ओ-वतन के दुश्मन का दहला दिया गाँधी बाबा ने

1948 में गाँधी की मृत्यु से जैसे एक विस्फोट-सा हो गया, दर्द और ग़ुस्से का एक सैलाब आ गया जो उनके वहशियाना क़त्ल के बाद के सालों में पूरे अदबी माहौल को अपने साथ बहा कर ले गया।

असर लखनवी, जो गाँधी की तुलना कँवल के फूल से करते हैं, उन्होंने एक अनकहे रहस्य से पर्दा उठाया जो उस समय हमेशा-हमेशा के लिए इस दुनिया में खो गया था जब एक जुनूनी और ज़ुल्मी इन्सान ने उन्हें अपनी गोली का निशाना बना दिया था :

अपना हुआ निशाना, हर शातिर ज़माना
तू फूल है कँवल का, असरास का ख़ज़ाना

एक वकील और शायर, आनन्द नारायण मुल्ला के सारे अल्फ़ाज़ ख़त्म हो जाते हैं जब वह एक मरसिये जैसा गीत *महात्मा गाँधी का क़त्ल* लिखते हैं जो एक बहुत ही बड़े, गहरे व नुक़सान का अहसास पैदा करता है जिसकी भरपाई नहीं की जा सकती :

इन्सान वोह उठा जिसकी सानी सदियों में भी दुनिया जान न सकी
मूरत वो मिटी नक़्श से भी जो बन के दुबारा बन न सकी

साहिर होशियारपुरी इस फ़क़ीर के लिए बेमिसाल ख़ुलूस के साथ इस पैकर-ए-इख़लास और रूह-ए-रस्ती पर ढेर सारी बातें लिखते हुए कहते हैं :

नाम था गाँधी मगर उनके हज़ारों नाम हैं
इक मयख़ाना है जिसमें हर तरह के जाम हैं

अक्टूबर में गाँधी जयन्ती के आते ही, उर्दू शायरों को साल-दर-साल और कई तरीक़ों से गाँधी को याद करने के मौक़े हासिल हो जाते हैं और उन्हें ऐसे कारण मिल जाते हैं जिनकी वजह से उनकी विरासत का जश्न मनाया जाना चाहिए। यहाँ कँवल ढिभाइवी गाँधी जयन्ती के मौक़े पर गाँधी की मिल्कियत का दावा करते हुए बड़े ही फ़ख्र के साथ 'गाँधी हमारे थे' कहते हुए लिखते हैं :

उठी चारों तरफ़ से जब कि ज़ुल्म-ओ-जबर की आँधी
पयाम-ए-अमन लेकर आ गये रूह-ए-ज़मां गाँधी

और यहाँ आले अहमद सुरूर मुल्क के हुए उस नुक़सान के बारे में दुहराते हुए कहते हैं जो कभी भी हीरे जैसी 'पीर-ए-मुग़ान' की याद से दूर नहीं हो सकता :

ऐ मीर-ए-कारवाँ-ए-वतन, ऐ शहीद-ए-क़ौम
तेरे लहू से अपना चमन लालाज़ार है
तेरे ही दम क़दम से बयाबान महक गये
अपने गुलों में जो भी है तेरी बहार है
सिदक-ओ-सिफ़ा को तुझसे मिली चश्म-ए-मोतबर
अमन-ओ-अमान का दहर में तुझसे विकार है

गाँधी कई तरह से नये ज़माने के उर्दू शायरों को माइल करते हैं। मिसाल के तौर पर सईदा फ़रहत ने गाँधीजी के बारे में लिखा है जो सच्चाई का रास्ता दिखाते हैं :

सच्ची बात हमेशा कहना, सच्चाई के रास्ते चलना
बापू ने समझाया है, बापू ने समझाया है

* * *

उन्नीसवीं सदी के क़रीब ख़त्म होते ही, एक नयी आवाज़ उभर कर हमारे सामने आती है और यह आवाज़ है अकबर इलाहाबादी (1846-1921) की जो पूरी तरह न तो नये की हिमायत करते हैं और न ही पुराने की; लेकिन वह उन लोगों को नसीहत देने की ज़रूरत महसूस करते हैं जिन्होंने बग़ावत के सबक़ को भुला दिया है। उनके निशाने पर मुस्लिम समुदाय और औपनिवेशिक हुकूमत दोनों हैं, जिसका वे ख़ुद हिस्सा हैं। उनके कुछ शेरों का नमूना यहाँ दिया जा रहा है जिनका अक्सर हवाला पेश किया जाता है :

हम आह भी करते हैं तो हो जाते हैं बदनाम
वो क़त्ल भी करते हैं तो चर्चा नहीं होता

* * *

दुनिया में हूँ, दुनिया का तलबगार नहीं हूँ
बाज़ार से गुज़रा हूँ, ख़रीदार नहीं हूँ

* * *

लोग कहते हैं बदलता है ज़माना सबको
मर्द वो हैं जो ज़माने को बदल देते हैं

* * *

कुछ जगहों पर हिन्दुस्तानी मुस्लिमों के लिए 'बद्धू मियाँ' (एक ख़ुशफ़हम, छोटा इन्सान जो बहुत ज़्यादा बुद्धिमान नहीं है) और दूसरी जगह शेख़ है (एक आडम्बरपूर्ण अंग्रेज़ रूढ़िवादी, कभी-कभी सर सैयद का नक़ली रूप) के लक्षणों को इस्तेमाल करके, अकबर की शायरी उनके ज़माने के विरोधाभासों को ज़ाहिर करती है। एक तरफ़, वह बदलाव की आमद का ऐलान करते

हैं। वह कई मुसलमानों की ग़लतफ़हमियों को सामने लाते हैं, जो महसूस करते हैं कि देश के आज़ाद होने पर देश में बहुसंख्यकों की हुकूमत होगी। सल्तनत और तिजारत, व्यापार और साम्राज्य के इतिहास पर सीधे तौर पर लिखते हुए वह कहते हैं :

चीज़ें वो हैं जो बनें यूरोप में
बात वो है जो पायनियर में छपे
यूरोप में है जो जंग की क़ुव्वत बढ़ी हुई
लेकिन फ़ुज़ूल है उस से तिजारत बढ़ी हुई
मुमकिन नहीं लगा सकें वो तोप हर जगह
देखो मगर पियर्स का है सोप हर जगह

बर्क़-ए-कलीसा एक जवान लड़की के साथ पहली मुहब्बत के बारे में लिखी गयी एक बेहतरीन नज़्म है लेकिन यह असल में मग़रिबी तहज़ीब की चकाचौंध में अन्धे हो चुके एक हिन्दुस्तानी मुस्लिम के बुरे अंजाम को दिखाती है जो (ईसाई) मग़रिबी तहज़ीब की शान का सामना होने पर ख़ुशी से कहता है, "मेरे इस्लाम को एक माज़ी की चीज़ समझा जाये" :

रात उस मिस से कलीसा में हुआ मैं दो-चार
हाय वो हुस्न, वो शोख़ी, वो नज़ाकत, वो उभार
ज़ुल्फ़-ए-पेचों में वो सज-धज कि बलाएँ भी मुरीद
क़दर-ए-रअना में वो चम-ख़म कि क़यामत भी शहीद
आँखें वो फ़ितना-ए-दौराँ कि गुनहगार करें
गाल वो सुब्ह-ए-दरख़शाँ कि मलक प्यार करें...

घर पर तालीम मिलने के बावजूद, अकबर को अंग्रेज़ी ज़बान पर अच्छी महारत हासिल थी। इससे उन्हें नायब तहसीलदार की नौकरी मिल गयी और वह जल्द ही तरक़्क़ी करते हुए पहले एक

वकील बने और उसके बाद, जल्द ही एक मुंसिफ़ (एक दरम्याना दर्जे के जज), एक सेशन जज, एक ज़िला जज और आख़िर में 1892 में ख़ान बहादुर हो गये। औपनिवेशिक भारत के रैंकों के ज़रिये उनकी इस शानदार तरक़्क़ी को देखते हुए उनका तरक़्क़ी, साइंस और जीने व सोचने के प्रभावशाली तरीक़े की मुख़ालफ़त करना बहुत अजीब-सा लगता है। लेकिन ऐसा इस वजह से है क्योंकि आम पढ़े-लिखे मुस्लिम तबक़े, ख़ास तौर पर उर्दू अदीबों ने ख़ुद को दो मुख़ालिफ़ और ग़ैर-समझौतावादी गुटों में तक़सीम कर लिया था—एक सैयद अहमद ख़ान और अलीगढ़ स्कूल का गुट था और दूसरा उनका विरोधी गुट। वे सब लोग जो सैयद के तालीम के, ख़यालों और मुसलमानों के लिए तरक़्क़ी की सम्भावनाओं के हक़ में थे, उन्हें ख़ुद-ब-ख़ुद आज़ाद ख़्याल, तरक़्क़ी पसन्द और आगे के वक़्त की ओर देखने वाले समझा गया जबकि जो इसके मुख़ालिफ़ खड़े थे, जैसा कि अकबर ने अपनी नज़्म में कहा है, उन्हें रज्अतपसन्द मान लिया गया था।

अपनी शायरी में अकबर के सियासी और समाजी सवालों के साथ भावुक जुड़ाव की बात करते हुए एस.आर. फ़ारुकी उनके ज़ाती जीवन और शायरी के बीच के द्वन्द्व पर रोशनी डालते हैं जिसे वह अकबर के जीवन और सियासती ख़यालों के बीच 'एक साफ़ दरार' कहते हैं।

> 'अपनी शायरी में, वह ख़ुद को सभी ब्रितानवी चीज़ों के कट्टर दुश्मन के तौर पर पेश करते हैं। हालाँकि वह ख़ुद ब्रितानवी सरकारी दफ़्तर के एक सीनियर अफ़सर थे और ज़ाहिर तौर पर वह इस आला दर्जे के ओहदे पर बहुत नाज़ महसूस करते थे जिस पर कभी थॉमस बर्न भी रह चुके थे जो उत्तर प्रदेश की सरकार में चीफ़

सेक्रेटरी थे। यहाँ तक कि उन्होंने एक बार जनाब हॉवेल, जज की गुज़ारिश पर महारानी विक्टोरिया (1887) की गोल्डन जुबली पर एक मज़ाकिया क़सीदा भी लिखा था। उन्होंने अपने बेटे इशरत हुसैन को आला तालीम हासिल करने के लिए इंग्लैंड भेजा था और उसकी वापसी पर उत्तर प्रदेश सरकार की मुलाज़मत दीवानी में डिप्टी कलेक्टर के तौर पर मुक़र्रर करवा दिया। यह सब ब्रिटिश पश्चिम तथा उनके अनुयायियों पर बरसाये गये अपमानजनक और तुच्छ मज़ाक़ की तरह बुराई-सा प्रतीत होता है। यक़ीनन, उन्हें यह अहसास था कि कोई भी इन्सान नदी के रुख़ के ख़िलाफ़ नहीं तैर सकता, किन्तु उनके मुताबिक़ ट्रेजेडी यह थी कि जो लोग नदी की धार के साथ तैर रहे थे, वे भी डूब गये थे। हिन्दुस्तानी लोगों ने, ख़ुद को नये ज़माने का (ब्रितानवी) जैसा दिखाने की कोशिश में, अपने माज़ी, अपने रिवाजों और अपने ईमान को तर्क़ दिया था लेकिन वह नये ज़माने के मग़रिबी इन्सान नहीं बन सके जैसा कि मैकाले ने उनसे बनने की उम्मीद की थी।'

ऐसा लगता है कि अकबर ने एक प्रतिक्रियावादी होने के नाते, एक पढ़े-लिखे औपनिवेशिक हिन्दुस्तानी मुस्लिम की ग़लतफ़हमी को ज़ाहिर किया था। कहा जाता है कि ये ग़लतियाँ अक्सर आत्मविरोधाभासी थीं जो बदलते वक़्त और बदलते ज़माने की निशानी थीं। इसके अलावा, औपनिवेशिक निज़ाम की मशीनरी का एक हिस्सा होने के नाते, अकबर को शायद दूसरों की बनिस्बत छोटे दर्जे के हिन्दुस्तानी अफ़सर की ख़ुशामद और अहमियत की कमी के बारे में बेहतर ढंग से इल्म था जो एक

बड़ी मशीनरी में एक बहुत छोटे पहिये से ज़्यादा कुछ नहीं था, एक ऐसी मशीन जिसने हमेशा उन्हें फ़ायदा नहीं पहुँचाया था। इसलिए, लोग यह मानने को तैयार हैं कि अकबर जैसा तर्कसंगत व्यक्ति सैयद अहमद ख़ान और अलीगढ़ स्कूल के विचारों पर तंज़ कसता था क्योंकि मक़ामी प्रशासन ने उन्हें सिखाया था कि एक पढ़ा-लिखा हिन्दुस्तानी मुस्लमान हुकूमती निज़ाम में ज़्यादा सरगर्मी के साथ हिस्सेदारी करने की ख़्वाहिश रखता था। इसमें, आपने नज़िर अहमद से अलग एक नस्ली बदलाव दिखाया था जिन्होंने औपनिवेशिक हुकूमत में काम करते हुए दिखाया कि अंग्रेज़ो से कुछ ज़्यादा ख़्वाहिश तव्वक़ो नहीं करनी चाहिए, विद्रोह तो दूर की बात है। जब अकबर ने टेलीफ़ोन, पाइप वाले पेयजल, प्रिंटिंग प्रेसों, अख़बारों, इश्तिहारों, रेलवे ट्रेनों और अंग्रेज़ी पढ़ाई वग़ैरह का मज़ाक़ उड़ाया तो कोई भी इसमें पिछड़ेपन की निशानी नहीं देखना चाहता था, इसके बजाय वह एक डरे हुए इन्सान को देखता है जो उपनिवेश की शक्तिशाली ताक़तों के बारे में अपने सबसे बुरे अन्देशों को ज़ाहिर करने के लिए तंज़ का सहारा लेता है। मेरे ख़याल में, अकबर तरक़्क़ी के या तरक़्क़ी की बाहरी निशानियों के बिल्कुल भी ख़िलाफ़ नहीं हैं बल्कि वह रिवायती जीवन और तहज़ीब को ख़त्म करने के ख़िलाफ़ हैं। हम अकबर को एक कट्टर क़ौमपरस्त, उपनिवेशवाद का एक आलोचक, और हाली जैसे शायरों और तरक़्क़ीपसन्दों के बीच की एक गुम कड़ी के तौर पर देखते हैं।

उर्दू के आलोचक, आले अहमद सुरूर, 'नये रब्ब में मिट्टी के पैरों और नये कवच में झंकार की तरफ़ इशारा करने और ख़ासकर, समाज में सुधार करने वाले नये रहनुमाओं की ईमानदारी में मज़ाक़िया अन्दाज़ की तरफ़ बिना नारा इशारा करने के लिए' अकबर की तारीफ़ करते हैं। वह आगे लिखते हैं :

> 'चालीस साल तक अकबर ने एक रूहानी सीस्मोग्राफ़ की मानिन्द काम किया, जिसने ज़लज़ले के हर झटके को रिकॉर्ड किया और इसे एक आला दर्जे की शायरी में तब्दील कर दिखाया। स्विफ़्ट के बारे में जॉनसन ने कहा था कि "एक अज्ञानी इन्सान कभी भी रूपक को ख़तरे में नहीं डालता।" अकबर हर तरह का जोख़िम उठाते हैं, सभी नियमों को तोड़ते हैं, उनका पक्ष लेते हैं और अपने मिशन की नाकामी को दोहराते हैं, लेकिन वह मग़रिब की अन्धी नक़ल पर नज़र रखते हैं और मशरीक़ को फिर से तलाश करने में मदद करते हैं जो अपनी विरासत को एक नये शऊर के साथ तरक़्क़ी के रास्ते पर ले चलता है। वह शुरुआत में हमारे वास्ते बिल्कुल सही लगने वाले नये तालमेल में झूठी शान से आग़ाह करा के हमारे अहसास को तेज़ करते हैं। उनके पास निश्चित वाक्यों की प्रभावशीलता है और बात कहने का असरदार तरीक़ा है जबकि उनके सोचने के अन्दाज़ को पुराना समझा जाता है, लेकिन उनके फ़न का असर अभी भी बरक़रार है।'

विश्वास और नये दौर के बीच आपसी तालमेल बिठाने के लिए अकबर द्वारा दी गयी पुकार का ऐसे हलक़ों से भी उत्तर मिला, जहाँ से कोई उम्मीद नहीं थी—यह उत्तर सर मुहम्मद इक़बाल के बरअक्स, जिन्हें कई लोग अल्लामा के नाम से बुलाते हैं जिसका मतलब है आलिम, किसी भी दूसरे व्यक्ति से कम नहीं था। एक-दूसरे से बिल्कुल अलग होने के बावजूद, अकबर और इक़बाल ने मिलकर उन हिन्दुस्तानी मुसलमानों की इमदाद की जो नयी सदी के अपने विचारों को साझा कर रहे थे और अपनी एक नयी पहचान बना रहे थे।

* * *

अकबर बीसवीं सदी की शुरुआत में गाँधी, उनके क़ौमी आन्दोलन और हिन्दू-मुस्लिम एकता के ख़याल के बहुत बड़े क़ायल बन चुके थे। सरकारी नौकरी में होने के कारण वह गाँधी के आम-फ़हम जन-आन्दोलन में शामिल नहीं हो सकते थे और गाँधी के मुरीदों की बढ़ती हुई तादाद की तुलना कृष्ण की गोपियों से करते थे जिनसे कृष्ण हमेशा घिरे रहते थे। अकबर लिखते हैं :

मदखोला गवर्नमेंट अगर अकबर न होता
उसको भी आप पाते गाँधी की गोपियों में

1919-21 के बीच लिखी गयी छोटी-छोटी नज़्मों की एक कड़ी अकबर का *गाँधीनामा*, एकता कायम करने वालों का एक विजयगान है और आज़ादी के लिए एक सियासी आन्दोलन जो सिर्फ़ हिन्दुओं और मुसलमानों द्वारा बराबर की भूमिका अदा करते हुए चलाया जा सकता था। यह 1946 में उनके पोते, सैयद मुहम्मद मुस्लिम रिज़वी द्वारा एक किताब की शक्ल में शाया करवाया गया था। अपने पाठकों को फ़ारसी क्लासिक शाहनामा की तरह के इस क्लासिक तोप की आला दर्जे की शायरी से दूर रहने के लिए कहते हुए वह अपने *गाँधीनामा* की शुरुआत इस प्रकार करते हैं :

इन्क़लाब आया, नयी दुनिया, नया हंगामा है
शाहनामा हो चुका अब दूर गाँधीनामा है

अकबर के *गाँधीनामा* में बहुत कुछ है, जो ठीक सौ साल पहले लिखा गया था और जो आज भी हमारे लिए बहुत मायनेखेज़, फ़ायदेमन्द और प्रासंगिक है। इसमें ख़िताब वापसी का मज़ाक़ उड़ाते हुए कहा गया है :

आपने वापस किया ना क्यों ख़िताब
बैठे हैं क्यों गोशे में महमूम ओ सुस्त

विद्यार्थियों के बीच फैली बेचैनी पर लिखा है :

यह जो हंगामा है इसकी हर तरफ़ ताईद है
आपकी तालीम है और आपकी ताईद है

अंग्रेज़ी ज़बान की अहमियत पर वह लिखते हैं :

इंगलिश को ख़ुदा ने बादशाही दी है
रफ़्तार-ए-ज़माना ने गवाही दी है

गंगा-जमुनी तहज़ीब पे उनका यह कहना है :

आब-ए-ज़मज़म से कहा मैंने, "मिला गंगा से क्यों?
क्यों तेरी तीनत में ऐसी नातवानी आ गयी?"
वो लगा कहने कि "हज़रत आप देखें तो ज़रा
बन्द था शीशे में, अब मुझमें रवानी आ गयी।"

गाँधी की तारीफ़ में उनका यह कहना है :

सुन लो ये भेद, मुल्क जो गाँधी के साथ है
तुम क्या हो, सिर्फ़ पेट हो, वो क्या है, हाथ है

इसमें सामाजिक वाक़यों पर एक तीखी और गहरी नज़र रखी गयी है, वह चाहे बदनाम रॉलेट ऐक्ट हो, अली ब्रदर्स के सियासी दाँव-पेंच हों, या फिर ख़िलाफ़त आन्दोलन हो जिसमें हिन्दुओं और मुसलमानों को एक साथ लाकर पूरे वतन में एक जोश पैदा कर दिया था, आदि।

हालाँकि यह किताब बहुत छोटी है लेकिन इसे इस सम्बन्ध में देखना और राष्ट्रीय आन्दोलन के संदर्भ में देखना बहुत अहम

है जो आज़ादी तक के दशकों में तौर पर उभरकर आया जबकि वह अभी एक छोटा-सा आन्दोलन था।

यह किताब इसलिए भी अहम है क्योंकि यह युवा गाँधीजी को दिखाती है जो अभी भारत की सियासत में क़दम रख ही रहे थे और अभी 'सत्य के प्रयोग' को अमल में ला रहे थे। जैसा कि एक शायर ने लिखा है जो न सिर्फ़ उनकी उम्र के थे बल्कि जो एक क़ाबिल-ए-फ़ख्र इन्सान भी थे। अकबर ने एक तवील और उथल-पुथल भरी ज़िन्दगी बसर की थी। वह *गाँधीनामा* लिखने के एकदम बाद ही चल बसे थे और इस किताब को शाया होते नहीं देख सके थे। कई दशकों बाद एक हत्यारे ने गाँधी को गोली मारकर उनकी हत्या कर दी थी लेकिन *गाँधीनामा* लिखने के बाद का वक़्त एक ऐसी घटना का गवाह बना जो इस दुनिया ने कभी नहीं देखा था। गाँधी ने दुनिया को सत्याग्रह की ताक़त से वाक़िफ़ कराया और हिन्दुस्तान और हिन्दुस्तानियों को अहिंसक तरीक़े से 'सविनय अवज्ञा' की एक अमर विरासत दी।

गाँधीनामा को अपनी मौजूदा शक्ल में सामने लाने और अकबर इलाहाबादी की बनिस्बत कम मशहूर किन्त अहम तख़्लीक को नये पाठकों की पेश-ए-ख़िदमत करने के लिए वाणी प्रकाशन का शुक्रगुज़ार होना चाहिए। यह ख़ास तौर पर बहुत क़ाबिल-ए-तारीफ़ बात है कि जब हिन्दुस्तान गाँधी के पहले असहयोग आन्दोलन की और ख़िलाफ़त आन्दोलन की शुरुआत की सौवीं सालगिरह मना रहा होगा, उस वक़्त 2020 में यह किताब शाया होकर सामने आ रही है।

–रख़्शंदा जलील

जनवरी 2020
नयी दिल्ली

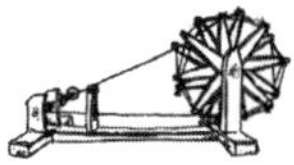

तमहीद (प्रस्तावना)

हज़रत अकबर इलाहाबादी का कलाम कुल्लियात (समग्र) की तीन जिल्दों की सूरत में शाया (प्रकाशित) होकर अहल-ए-इल्म-ओ ज़ौक़ (काव्य-रसिकों व विद्वानों) से तहसीन (प्रशंसा) का ख़िराज और सुखनवरी (काव्य-रचना) और ख़याल-आफ़रीनी (वैचारिक उच्चता) की दाद ले चुका है, लेकिन ये न समझना चाहिए कि इतने ही पर वर्क़ तमाम होकर क़लम भी टूट चुकी है। शायर-ए-मग़फ़ूर (स्वर्गीय कवि) के मुतअद्दिद (असंख्य) शेरी इल्हामात (दैवी काव्य लक्षण) अब भी बुतों में तबर्रूकात (बरकत पैदा करने वाली ख़ूबियों) की सूरत मौजूद और तबूअ-व-इशायत (प्रकाशन) के मुन्तज़िर (प्रतीक्षारत) हैं। उन्हीं में से ये एक *गाँधीनामा* है जो अब पहली बार शाया हो रहा है।

ये मजमूआ (संग्रह) एक मख़्तूते (हस्तलिखित पाण्डुलिपि) से नक़ल किया गया है जो 8 × 7½ इंच की तख़ती के 29 सफ़्हों में खुद हज़रत अकबर इलाहाबादी के क़लम का मुरतब किया और लिखा हुआ है। ये नाम भी ख़ुद जनाब मुसन्निफ़ (रचनाकार) का ही तजवीज़ किया हुआ है, जैसा कि लौह (मुखपृष्ठ के बाद का पहला पृष्ठ) के शेर से साबित है। इसके अलावा इस शेर के बाद उनवान (शीर्षक) के तौर पर भी ये नाम जली क़लम से लिखा है। कुल मजमूए में 198 क़तए हैं जो सात उनवानों के तहत

372 अश्आर पर मुश्तमिल (आधारित) हैं, लेकिन चूँकि लौह का शेर फिर एक मर्तबा (शुमार 181) में लिखा गया है इसलिए सही मजमूई तादाद 371 होती है।

हमारे इन तमहीदी औराक़ (पृष्ठों) के बाद एक मजमूआ है जिसका नाम भी *गाँधीनामा* है। ये जिस नुस्ख़े की सही नक़ल है वो 4 × 6½ इंच की तख़ती के ग्यारह सफ़हों पर ख़ुद जनाब मुसन्निफ़ (लेखक) की क़लम का तहरीर किया हुआ है और इसकी लौह पर भी *गाँधीनामा* उनवान के तौर पर सब्त (अंकित) है। इस नुसख़े में कुल 62 शेर हैं, इसमें उनवान बिल्कुल नहीं है मगर हर एक शेर को एक-दो जुमले की मुख़्तसर और जामअ तमहीद के साथ पेश किया गया है। इन 62 शेरों में से सिर्फ़ ज़ेल (निम्न) ऐसे हैं जो बड़े नुस्ख़े में नहीं हैं, बाक़ी सब उसमें मौजूद हैं :

ये दाल लबे-गंग कभी गल नहीं सकती
कल्लू के पटाख़े से बला टल नहीं सकती

तहमद और धोती बहुत तंग आये थे पतलून से
लेकिन अब पतलून ढीली है इसी मज़मून से

अंग्रेज़ क़ौमी भी हैं, सरफ़राज़ भी हैं
तदबीर में, इल्म-ओ-फ़न में मुमताज़ भी हैं

बाबू को नचा दिया चाबी देकर
इससे ये खुला कि दिल्लगी-बाज़ भी हैं

धोती के पेच में हैं तहमद में तन रहे हैं
साहब बना रहे हैं, हम लोग बन रहे हैं

आसमानी तोप चलती है कहीं सदियों के बाद
लेकिन उड़ जाती हैं सारी ग़फ़लतें दो फ़ैयर में

जो गिरह में था हरीफ़ों ने उड़ाया उसको मुफ़्त
अब फ़क़त हैं और 'मन च गुफ़तम ऊ च गुफ़्त'

वो उठने देते हैं जो फ़ितनाहा-ए-बेहक़ीक़त को
कि ता हासिल करें इसके फ़रू करने की लज़्ज़त को

ये नुस्ख़ा जिस अन्दाज़ से शुरू होता है, उससे मालूम होता है कि मुसन्निफ़ किसी ख़ास रिसाले (पत्रिका) के एडिटर से मुख़ातिब है। अफ़सोस है कि इस मख़्तूते में कहीं कोई तहरीर ऐसी नहीं है जिससे मालूम हो सकता कि से ख़िताब (सम्बोधन) किन एडिटर साहब से है। और न कहीं कोई तारीख़ दर्ज है जिससे ज़माना-ए-तहरीर का सुराग़ मिलता। यही हाल बड़े नुस्ख़े का है कि न इसके शुरू में कोई तमहीद या दीबाचा है न कहीं से तारीख़-ए-तहरीर का पता चलता है। जा-ए-हसरत (आकांक्षा) ये है कि अब हज़रत मुसन्निफ़ के फ़रज़न्द जनाब इशरत हुसैन भी इस आलम-ए-आब-ओ-गिल (नश्वर संसार) में नहीं हैं कि उन्हीं से कुछ मालूमात हासिल हो सकती। ऐसी हालत में इस तसनीफ़ (रचना) के ज़माना-ए-तहरीर (रचना-काल) का सही तअय्युन दुश्वार है। फिर भी इसकी तसनीफ़ को अगर सन् 1919 से सन् 1921 ई. यानी लिसानुलअस्र की मुस्तक़िल ज़बान-बन्दी के वक़्त तक के ज़माने से मन्सूब (सम्बद्ध) कर सकते हैं।

सन् 1919 ई. में वो नामसऊद (अशुभ) आईन (क़ानून) जारी हुआ था जो 'रोलेट एक्ट' के नाम से मशहूर था और जिसके ख़िलाफ़ अहतिजाज (विरोध) की हंगामा-आराई के नतीजे में पंजाब के शहर अमृतसर में जलियाँवाला बाग़ का मशहूर क़त्ल-ए-आम और उसके बाद पंजाब के कई ज़िलों में फ़ौजी क़ानून का नफ़ाज़ (जारी) हुआ। इन सब वाक़ेआत ने आज़ादी की तहरीक को और

भी ज़्यादा बढ़ा दिया। अब तक जो ख़यालात दिमाग़ों और सीनों में दबे पड़े थे और किसी को उनके इज़हार की हिम्मत न होती थी, अब ज़बान और नोक-ए-क़लम पर आने लगे। सन् 1920 ई. के शुरू होते-होते हिन्दियों (भारतीयों) ने ब्रितानवी हुकूमत और इक़्तिदार (सत्ता) के ख़िलाफ़ जिहाद शुरू कर दिया। मोहनदास करमचन्द गाँधी जो दक्षिणी अफ़्रीका में हिन्दियों की क़ियादत (नेतृत्व) करके उनकी आज़ादी की जद्दोजहद में बहुत कुछ कामयाब होकर हिन्दुस्तान वापस आ चुके थे। अब ख़ामोश न रह सके। उन्होंने निहायत शद-ओ-मद (उत्साह, तैयारी) और कामिल बेबाकी के साथ तमाम मुल्क को आज़ादी के लिए हाथ-पाँव मारने बल्कि जान तक लड़ा देने की दावत दी और इसके हसूल के लिए अदम-तआवुन (असहयोग) और तर्क-ए-मवालात (सम्पूर्ण परित्याग) के हर्बों (हथियारों) से काम लेना शुरू किया। हिन्दुस्तान के तमाम तूल-ओ-अर्ज़ (हिस्सों) में एक शदीद-हंगामा बरपा हो गया। ऐसा कि इसका सिलसिला किसी-न-किसी सूरत में अब तक चला जाता है। सन् 1920 ई. और सन् 1921 ई. में तर्क-ए-मवालात पर अमल करने के नतीजे में कई वाक़ेआत पेश आये और मुल्क के कई सरबरावर्दा (सम्मानित) और नामवर बुज़ुर्गों को बन्दीख़ाने की मुसीबतों का सामना करना पड़ा। यूँ ही सब हंगामे बरपा थे कि सन् 1921 ई. (9 दिसम्बर) में हज़रत लिसानुलअस्र ने वफ़ात (मृत्यु) पायी। कुल मिलाकर दो-ढाई बरस का ज़माना यही है जिसके दौरान *गाँधीनामा* इल्क़ा (उद्भव) हुआ।

इस सिलसिले में मौलवी क़मरुद्दीन अहमद साहब बदायूँनी की क़ाबिल-ए-क़द्र तालीफ़ (सम्पादित) 'बज़्म-ए-अकबर' से भी मदद मिलती है। मौलवी साहब मौसूफ़ (उल्लेखनीय) सन् 1916 ई. में इलाहाबाद के एम.सी. कॉलेज में दाख़िले के वास्ते आये

थे और तब ही एक सौहबत में ख़ान बहादुर मीर अकबर हुसैन साहब जज इलाहाबादी के दर्शन हुए। सन् 1920 से सन् 1922 ई. 'हयात-ए-अकबर' के वास्ते मवाद यक जा कर रहे थे। मगर सन् 1919 से पहले उन्हें इन जवाहरात के जमा करने की फ़िक्र न हुई थी। किताब के मुताले (अध्ययन) से मालूम होता है कि मौलवी साहब सन् 1919 ई. से सन् 1921 ई. तक हज़रत अकबर इलाहाबादी से फ़ैज़-याब रहे। इस किताब में *गाँधीनामा* के इन दोनों नुस्ख़ों के कमोबेश दो दर्जन अशआर जाबजा मुन्तशिर (बिसरे) नज़र आते हैं। ज़ाहिर है कि ये उसी ज़माने के इल्हामात (अनुभव) हैं। इससे हमारे इस फ़ैसले को तक़वीयत (पुष्टि) होती है कि *गाँधीनामा* की तकवीन और इंशा (रचना व प्रकाशन) 1919 ई. से 1921 ई. तक में हुई है।

गाँधीनामा का छोटा नुस्ख़ा नक़्शे-अव्वल है और बड़ा नुस्ख़ा नक़्शे-सानी। ये अम्र (तथ्य) इससे अयाँ है कि छोटे नुस्ख़े में सिर्फ़ 62 शेर हैं और यही तरक़्क़ी करके 6 गुनी तादाद (372) तक पहुँच गये हैं। ये मरासला नुमा शेरी मकाला किसी 'एडिटर साहब' के पास नहीं पहुँचा, किसी अख़बार या रिसाले में भी शाया नहीं हुआ बल्कि मुसन्निफ़ की मेज़ की दराज़ में ही रखा रहा। इसको इशात (प्रकाशन) से दूर रखने के दो ही सबब (कारण) हो सकते हैं। पहला, अहतियात यानी सरकार का ख़ौफ़ और दूसरा इज़ाफ़ा करने का इरादा। पहला सबब अगर कुली नहीं तो जुज़्वी (आंशिक) तौर पर ज़रूर सही है और दूसरा ख़ुद साबित है। नक़्शे-सानी (दूसरा भाग) में आठ अश्आर को शायद इस ख़याल से भी हज़्फ़ (मिटाना) किया हो कि वो इस मुफ़स्सिल मजमूए में ग़ैर-मतबूआ (अप्रकाशित) अश्आर ही रखना चाहते थे, लेकिन जैसा कि साहब *बज़्म-ए-अकबर* के बयान से मालूम होता

है, छोटे मजमूए का एक ग़ैरमतबूआ शेर (धोती व लुंगी बहुत तंग आये थे पतलून से) भी मुफ़स्सिल (विचारणीय) में से ख़ारिज कर दिया गया। इस शेर के अलावा बाक़ी जो अश्आर बज़्म में मन्क़ूल मौजूद हैं, तो ये हैं...

"है क़ौम तो बेपर मगर उड़ता है ज़र-ए-क़ौम"

"ज़िन्दगानी हो दराज़ उनकी ख़ुश-इक़बाली की
मौली साहब की न चलती है न बंगाली की"

"इख़्तिलाफ़ों के मुहैया हैं जब इमकान इतने"

"दुश्वार है मुस्तहक़-ए-ऑनर होना
कुछ सहल नहीं अली ब्रादर होना"

"हैं वफ़्द और अपीलें, फ़रियाद और दलीलें
और किर्ब-ए-मग़रबी के अरमाँ निकल रहे हैं"

"जो पूछा, क्यों कमर इस मंज़िल-ए-तारीक में बाँधी"

"बस आप ही कीजिए उछल-कूद
हमसे ये उम्मीद अब है बेसूद"

"तेज़ाब में हम तो गल चुके हैं
उनके साँचे में ढल चुके हैं"

"भाई मुस्लिम रंगे-गरदूँ देखकर जागे तो हैं
ख़ैर हो क़िब्ले की लन्दन की तरफ़ भागे तो हैं"

"कहते हैं बुत, देखें कैसा रहता है उनका स्वभाव
हारकर सबसे मियाँ हमारे गले लागे तो हैं"

"इंडिया ने कमर तो बाँधी है—कोई गाँधी है"

''लेकिन अब भी बहुत से हैं अड़ियल
सिर्फ़ पुस्तक है और गाँधी है''

''जब बुलाया ख़तने को, लड़का ये कहकर चल दिया''

''जब जनेऊ को बुलाया तिफ़्ल-ए-हिन्दू बोल उठा''

''अन भी उसमें, गाय भी उसमें, दही भी उसमें घी भी है''

''आपने ताक़त की तो जौलानियाँ देखीं बहुत
ज़ौफ़ के हैजान का भी अब तमाशा देखिए''

''पर हो तो ओज देखो...अपनी निकास देखो''

''जान उनकी कहीं तर्के-मवालात न मारे
कहते हैं कहीं तुर्क मवालात न मारे''

''तेग़ ज़बाँ की देखो, हर सू बरहनगी है''

''बराए मा ब सरे-तख़्ते-ख़ूयश जा कर दी
...ख़र बदस्त आमद''

''वो बग़दाद में है मैं मन्दिर में गुम हूँ
शतुरकीना वो हैं तो मैं गाय की दुम हूँ''

इस तमाम तक़ाबुल का हासिल ये है कि ये क़रीब दो दर्जन अश्आर बदायूँनी साहब के लुत्फ़ो-करम से अब शाया हुए हैं मगर वो ख़ुद उनको ग़ैर-मतबूआ बताते हैं। फिर जैसाकि तक़ाबुल से साबित हुआ है, मुसन्निफ़ ने तक़रीबन सब ही में तरमीम करके अल्फ़ाज़ और मानी में तरक़्क़ी पैदा कर दी है। इस लिहाज़ से ये ग़ैर-मतबूआ ही के बराबर हो गये।

हमने *बज़्म-ए-अकबर* से जहाँ इस क़दर फ़ायदा उठाया है, ये

चन्द और फ़ायदे भी क़ाबिले-ज़िक्र हैं कि उनके बयान से उन अश्आर और अफ़कार (विचारों) को समझने में और ज़्यादा मदद मिलेगी :

"अलूम उनके, ज़ुबाँ उनकी, प्रेस उनके, लुग़ात उनके"

जनाब बदायूँनी ने इसमें लफ़्ज़ 'प्रेस' के मुतालिक़ फ़रमाया है कि उन्होंने खुद हज़रत-ए-शायर से अर्ज़ किया था कि आपने अंग्रेज़ी लफ़्ज़ Press को क़ाफ़िए की ख़ातिर किसके वज़न पर प्रेस कर दिया है? इस पर जनाब ने बहुत बिगड़ कर फ़रमायाः "मैंने अहल-ए-लखनऊ (लखनऊ-वासियों) को भी उनके एक एतराज़ पर यही जवाब दिया था और अब आपको भी यही जवाब देता हूँ "मन गुफ़्तम ऊ मुहावरा शुद"

एक क़तए में बुद्धू का ज़िक्र है। हज़रत लिसानुलअस्र का मशहूर शेर है—

"बद्धू मियाँ भी हज़रत-ए-गाँधी के साथ हैं
गो ख़ाक-ए-राह में मगर आँधी के साथ हैं"

'अकबर' और 'जौहर' के मद्दाहों (प्रशंसकों) और अक़ीदतमन्दों को जनाब बदायूँनी का अहसानमन्द होना चाहिए कि आपने उस मारूफ़ शेर के बद्धू का मफ़हूम (अर्थ) साफ़ करके *गाँधीनामा* के इस क़तए में हज़रत शायर ने बद्धू के मुतालिक़ जो सफ़ाई पेश की है उसकी तौज़ीह भी कर दी। मालूम हुआ कि किसी तरह मौलाना मुहम्मद अली जौहर को ये शुबहा हो गया था कि बुद्धू से उनकी शख़्सियत और ज़ात मुराद थी, मगर हज़रत लिसानुलअस्र के ईमा से बदायूँनी साहब ने हज़रत जौहर का ये शुबहा दूर किया और ये भी बताया कि उनके मुतालिक़ हज़रत अकबर की जो राय थी वो अल्लाम इक़बाल के इस क़ौल से भी अयाँ (प्रकट) है...

"दुश्वार है मुस्तहक़्-ए-ऑनर होना
आसान नहीं अली बिरादर होना"

अलावा इन हक़ीक़तों के जो *बज़्म-ए-अकबर* से हासिल हैं, इसमें कोई शक नहीं कि ये किताब 'अकबर' और अकबरीयात के तअल्लुक़ से एक निहायत क़ाबिल-ए-क़द्र ख़ज़ाना है जिसमें मालूमात के बेशक़ीमती जवाहरात जमा हैं।

इस नामुकम्मल नक़्शे-अव्वल को इस जिल्द में शामिल करने में ये मस्लहत मद्देनज़र है कि इसके मुताले (अध्ययन) से *गाँधीनामा* के इर्तिक़ा (विकास) का हाल खुलता है। शायर किसी 'एडिटर साहब' को मुख़ातिब करके एक मुसलसल इबारत की सूरत में गाँधियत और उसके पैदा किये हुए मसाइल पर अवाम और ख़वास (आम और ख़ास लोग) की राय बयान करके उनके ख़यालात और तौहीजात की तरजुमानी करता है, वक़्ती हालात का जायज़ा लेता है, अपनी ज़ाती राय का इज़हार करता है और माहौल पर गहरी निगाह डालकर बदलते हुए हालात और अक़ाइद (मान्यताओं) पर तब्सिरा करता है। उस तमाम हंगामे को मुसन्निफ़-ए-अवाम ने 'फ़ितना-ए-मौजूदा' नाम दिया है। इस मुख़्तसर (संक्षिप्त) से मुताले से मुफ़स्सिल नुस्ख़े के समझने में क़ाबिल-ए-क़द्र मदद मिलेगी। इस नुस्ख़े के तमहीदी जुम्लों को तर्क करके मुसन्निफ़ ने सात उनवान क़ायम किये हैं...

एतराज़ात
हिन्दुओं के साथ हो गये
गाँधी का साथ बग़ावत नहीं है
तर्के-मवालात की तौजीह
अदम तर्के-मवालात की तौजीह
बेपरवाई व बेतअल्लुक़ी
ज़राफ़त

ज़रा से ग़ौर से भी ये अम्र (तथ्य) वाज़ेअ (स्पष्ट) हो जायेगा कि इस फ़ितने और हंगामे के मुतालिक़ ख़याल और राय के ज़ब्त और ज़ाहिर करने का कोई पहलू इन उनवान (शीर्षक) में नहीं छूटा। जैसा कि हर तहरीक के आग़ाज में होता है। जब सन् 1920 ई. में ब्रितानवी हुकूमत से अदम तआवुन और तर्के-मवालात (असहयोग व परित्याग) का तहैया कर लिया गया तो निहायत शिद्दत से हर शौबे (विभाग) के सरकारी मुलाज़िमों से इस्तीफ़े दाख़िल करके मुलाज़्मतों से बर-तरफ़ हो जाने के लिए कहा गया। यहाँ तक कि पुलिस और फ़ौज के मुलाज़िमों पर भी यही ताकीद थी। इसी तरह ब्रितानवी तालीम से भी बेज़ारी जताने के लिए हर नौअ की दर्सगाह के तुलबा (विद्यार्थियों) से तालीम को तर्क (छोड़) कर देने का सबक़ दिया गया। ज़ाहिर है कि ऐसी तहरीक और ऐसा तर्ज़-ए-अमल जिससे बराह-ए-रास्त तन और पेट पर असर पड़े, कुछ ग़ौर व फ़िक्र के तालिब थे। वो क़ौम जो डेढ़ सौ बरस से ब्रितानवी को आक़ा, माई-बाप, वली नेमत समझकर अपनी तमाम हरकात व सकनात, यहाँ तक कि ख़यालात से हर पल, हर लम्हा अपने को ख़ादिम, वफ़ादार और फ़रज़न्द-ए-दौलत-ए-इंगलिशिया होने का सबूत दे रही हो और उसी में दीन-ओ-दुनिया की फ़लाह समझती हो, उसके अफ़राद (लोगों) के लिए कैसे मुमकिन था कि अपने इन गोश्त-ओ-पोश्त के बने हुए ख़ुदाओं के ख़िलाफ़ कोई ज़रा-सी भी बेजा हरकत करना तो एक तरफ़ कोई फ़ासिद (ग़लत) ख़याल भी दिल में लाते। फिर ये भी सरासर हिमाक़त की तजवीज़ मालूम होती थी कि एक ऐसी क़ौम से मुक़ाबला किया जाये जिसकी सल्तनत पर कभी सूरज नहीं डूबता। जिसके क़ब्ज़ा-ए-क़ुदरत में कुर्रा-ए-अर्ज़ के पानियों का एक-एक क़तरा है और जिसके नाम ही की हैबत (आतंक) से

बड़े से बड़ा बादशाह-ए-वक़्त भी काँपता है। मुख़्तसर ये कि ऐसी हरकत करने की हिम्मत पैदा होना ही मुहाल मालूम होता था, इस पर अमल करना तो कैसा। छोटे-छोटे लोगों ने ज़रूर हिम्मत करके उन बाग़ियाना तहरीकों और तजवीज़ों पर अमल किया, मगर जिनके रुतबे थे सिवा उनको सवा मुश्किल थी। बड़ों के पास बीसियों बहाने थे, जिनको पेश करके वो साफ़ बचे रहे और या तो ज़ुबानी जमा ख़र्च करते रहे या घर के भेदी बन के लंका ढाने का काम अपने ज़िम्मे ले लिया। गो इसमें कोई शक नहीं कि कइयों ने लंका के बहुत से हिस्से ढा भी दिये। फिर भी बुज़ुर्गों ने इस ख़ूबी से निभाया कि उनके दोनों ही मीठे रहे, माया भी हाथ लगी और राम भी मिल गये। ऐसे हालात में एतराज़ों की और बहानों की क्या कमी? फिर सबसे बड़ा सवाल हिन्दुस्तान की दो बड़ी क़ौमों यानी हिन्दू व मुसलमान यकजहती (एकता) का था। हिन्दू शुमार में मुसलमानों से कहीं ज़्यादा दौलतमन्द, ज़र-अन्दोज़, ज़र-परस्त, जाह-परस्त, हाकिम-परस्त, सैकड़ों साल से जी-हज़ूरी और सत्य-वचनी का आदी, गन्दुमनुमा जू-फ़रोश, इल्म-ओ-हुनर में बहुत आगे और दूसरी तरफ़ मुसलमान ग़रीब, घर फूँक तमाशा देखने वाला, तादाद में हिन्दुओं से बहुत कम, बरखुद ग़लत, बेफ़िक्र व वेपरवा, बेबाक, आक़िबत-नाअन्देश, साफ़गो, पिदरम सुल्तान बूद का क़ायल, इल्म व हुनर से आरी। ब्रितानवी हुक्मरानों ने हर मुमकिन ज़रिये से तारीख़-ए-हिन्द को मस्ख़ करके ये साबित कर दिया कि हिन्दुस्तान के मुसलमान हुक्मरानों ने अपनी रियाया पर हमेशा ज़ुल्म तोड़े और ग़ैर-मुस्लिमों के साथ सख़्त-तरीन सुलूक किया। उनकी तालीम ने उन अक़ीदो (मान्यताओं) को हर तालिब-ए-इल्म के दिलोदिमाग़ में हमेशा के लिए सब्त (अंकित) करके एक तरफ़ तो मुसलमान को खुद पशेमान (लज्जित) कर

दिया दूसरी तरफ़ हर ग़ैर-मुस्लिम को मुस्लिम का दुश्मन बना दिया। फिर उन सफ़ेद आक़ाओं और उस्तादों ने एक तरफ़ तो यूनान, रूमा, यूरोप और ख़ासतौर से इंगलिस्तान की शानदार तारीख़ें पढ़ा-पढ़ाकर अपना और अपने यूरोपी भाई-बन्धुओं का रौब व जलाल (प्रताप) अपने गेहुँए रंग के हिन्दी (भारतीय) ग़ुलामों और शागिर्दों के दिलोदिमाग़ पर तारी कर दिया। दूसरी तरफ़ खुद हिन्दू और मुस्लिम पर ये वाज़ेह (स्पष्ट) कर दिया कि वो अपने मज़हब, अपनी क़ौमी व मिल्ली (राष्ट्रीय) रिवायात, अपनी रसूम, अपनी ज़ुबान, लिबास सब में एक-दूसरे से मुख़्तलिफ़ हैं। मुख़्तसर ये कि उन गोरों ने अपने पुराने रोमी उस्तादों के सिखाये हुए उसूल 'लड़ाओ और राज करो' पर अमल करके हिन्दू और मुस्लिम को ख़ूब लड़ाया और इस ख़ूबी से लड़ाया कि इस उसूल पर तर्ज़-ए-अमल से वाक़िफ़ हो जाने के बाद भी वो ज़रा-ज़रा सी शाबाशी पर लड़ते रहे और लड़ते रहे हैं। ग़रज़ ये कि ऐसी-ऐसी ख़ू-बू रखने और ऐसे हालात में रहने वाली दो क़ौमों का एक तर्ज़-ए-अमल पर मुत्तफ़िक़ (एकमत) व मुत्तहिद (संयुक्त) होना निहायत दुश्वार था।

एतराज़ करने वालों को एहतियात का तक़ाज़ा सबसे ज़्यादा शदीद मालूम हुआ। अव्वल तो उन्हें यक़ीन ही न हो सका कि ये सब चीख़-पुकार महज़ अफ़-अफ़ है या गरज है। अमन-पसन्द, बरखुरदार मिज़ाज लोगों ने वक़्त की नज़ाकत का अन्दाज़ा करके 'ग़ुस्सा हो, आह हो कि ज़ब्त कर' ऐसा उसूल बना लिया। लेकिन ये सबको यक़ीन था कि 'वो बड़ा जो साहब से लड़े'। दीन (धर्म) के रहनुमाओं ने ज़मीन में फ़साद फैलाने और अत्याचार करने की मज़म्मत कर-करके ये वाज़ (प्रचार) करना शुरू किया कि 'बैठ रहो, जो कुछ भी हो सब्र करो और हम्द-ए-ख़ुदा के गीत सुनो'। कुछ भले लोगों की राय थी कि तेग़-ओ-तफ़ंग से निहत्थे होने

की हालत में हमारे लिए बेहतर और मुनासिब तरीक़ा यही है कि 'काग़ज़ पर घिस-घिस' करके क़ानूनी जंग की जाये। मुख़्तसर ये कि जितने मुँह थे, उतनी ही बातें थीं। हर शख़्स किसी न किसी बहाने से पहलू-तही करता और बचने की राह निकालता था। हुक्मरान क़ौम भी मुदब्बिर थी, उसने सियासी हलचल बढ़ती देखी तो ग़ल्ले (अनाज) और कपड़े के बाज़ारों को सर्द कर दिया कि भूखा और नंगा कमबख़्त सियासत के लिए दिमाग़ ही कहाँ से लायेगा। दौलतमन्द क़ौम से तिजारती और माली मुराआत (रिआयत) छीनकर उसके ग़ुरूर को तोड़ा, और ग़रीब क़ौम के भूखों को दो-चार ओहदे देकर अपना हलक़ा बगोश (अघोषित) ग़ुलाम बना लिया। दोनों को रूठता देखा तो चन्द गन्दुमनुमाओं को बेमानी ख़िताब और ख़ाली-ख़ाली एज़ाज़ (सम्मान) देकर जू-फ़रोश बना दिया। अख़बारियों को वज़ीफ़े देकर वाज़ (उपदेश) करा दिया कि 'ऊँट को मतानत और गाय को कलीलें जेबा' हैं। ऐ भाई मुसलमानो, 'होमरूल उनको मुबारक, हमको तक़वा चाहिए।'

हिन्दू और मुस्लिम में फ़र्क़ और मुख़ालफ़त के बावजूद भी ऐसे मुसलमान पैदा हो ही गये जिन्होंने हिन्दुओं की हाँ में हाँ मिलाकर कमाल अक़ीदतमन्दी से गाँधी जी को वक़्त का पेशवा और हिन्दुस्तान का इमाम तस्लीम कर लिया। आब-ए-ज़मज़म और गंगाजल एक हो गये। मुस्लिम राहबरों और बुज़ुर्गों ने इस्लाम के उसूल, मुसावात और अख़्वत पर फ़ख्र के साथ अमल करते हुए हिन्दू नेताओं को मस्जिदों के मम्बरों तक ले जाकर खड़ा कर दिया, 'बुतख़ाने में मरने वालों को काबे में जा गाड़ा।' अंग्रेज़ भी काँप उठा और समझा गया कि कुफ़्र-ओ-इनाम का ये इत्तिहाद (एका) बेपनाह है। नतीजा ये हुआ कि उन बुज़ुर्गान-ए-मिल्लत (देश के बुज़ुर्गों) ने 'इस्लाम को बुत का राम किया, शेख़ की

शेख़ी ख़त्म हुई।' और उसकी नमाज़ें नज़्रे-बिरहमन हो गयीं। गाँधी जी पहले तो सबके बापू बने फिर हक़ीक़त और हक़-परस्ती की तरीक़त के सालिक बनकर 'महात्मा' हो गये। अब तो सभी को यक़ीन हो गया कि वाक़ई 'महाराज और मुहाजिर के हर्फ़ एक ही हैं' और अगर हिन्दू-मुस्लिम आपस में मिल जायें और सियासी कमेटी में पिल जायें तो आज़ादी के मिल जाने में कोई शक नहीं रहना चाहिए। इस मेल-मिलाप का ज़हूर देखने के बाद भी शायर मुतमइन (सन्तुष्ट) नहीं था, 'इसी मेल का आजकल है ज़हूर, ख़ुदा जाने ज़ुल्मत है इसमें कि नूर।' उस वक़्त कौन कह सकता था कि लिसानुलअस्र (अकबर इलाहाबादी) का ये शुबहा बेजा नहीं है और ये कि अगले बीस साल के अन्दर-अन्दर ही इस मेल की क़लई खुल जायेगी। लेकिन इस तमाम यगानगत और यकजहती (एकता) के ज़ाहिरी सामान और आइन्दा (भविष्य) की फ़लाह (कल्याण, भलाई) की उम्मीदों के बावजदू ऐसे लोग भी माक़ूल तादाद में थे जो तर्क-ए-मवालात के हरगिज़ क़ायल न थे और जाह-ओ-ज़र की तमन्ना और तलब में ज़ीस्त के दिन बसर करने के बाद बावर कर चुके थे कि 'साहब से रहे मिलकर वही ख़ूब है नीटू।' कुछ लोग तर्क-ए-मवालात (असहयोग) के उसूल को तक़वा का मुनाफ़ी (विरोधी) समझते थे और कहते थे कि 'इस्लाह-ए-नेशन' के लिए पहले 'नफ़स की ख़्वाहिश से नॉन कॉओपरेशन चाहिए।' और सबसे अच्छा बहाना तर्क-ए-मवालात के ख़िलाफ़ ये था कि 'जिसको हो ज़ोर ख़ानाजंगी का, वो करे सामना फ़िरंगी का।'

इन दोनों के बाद एक तीसरी जमाअत ऐसे बेपरवाओं की भी मौजूद थी जो इन तमाम झमेलों से बेतअल्लुक़ और अलग-थलग रहना चाहते थे। उनका कहना था कि मियाँ किस झगड़े में पड़े हो, ये सब बेकार की चीज़ें हैं, इस फ़ानी और बेमानी ज़िन्दगी के

लिए ये सब इल्लतें (बुराइयाँ) क्यों पाली जायें, ये आफ़तें क्यों झेली जायें :

"फ़कत इक लहू-ओ-लाब है ये हयात-ए-दुनिया
बाद मरने के जो पेश आयेगा जीना वो है"

उनका ख़याल था कि दुनिया की तारीख़ में ऐसे-ऐसे इन्क़लाब और हंगामे बहुत हो चुके हैं, हमेशा से 'यही फ़लक का चलन रहा है।' ऐसे-ऐसे फ़सादों और इन्क़लाबों ही से पता चलता है कि हज़रत ईसा की आमद का ज़माना क़रीब है और हश्र बरपा हुआ ही चाहता है। यूँ अगर शान-ओ-शौकत दिखाना और अपने लिए जय के नारे लगवाना चाहते हो तो अलबत्ता ये अच्छा नुस्ख़ा है कि इस सब दिखावे के लिए गाँधी के चेलों में जा मिलो। बूढ़े लोग कहते थे कि...

तज़ुर्बा तर्क-ए-तआवुन का करें ये नौनिहाल
गोर में जो पाँव लटकाये हुए हैं उनको क्या

ख़ातमा बिल-ख़ैर है उनका पुराने राग पर
वो कहाँ पायें नये सुर और करें इस धुन को क्या

और सबसे बड़ी बात ये है कि हमारी ज़िन्दगी में कोई चीज़ भी तो ऐसी नहीं है जिसे हम अपनी कह सकें। ज़मीन पर, पानी पर, हवा में, हर तरफ़ से वो हम पर छाये हुए हैं, यहाँ तक कि 'अवाम उनकी, ज़ुबान उनकी, लुग़ात उनके।' यानी हमारे ख़यालात भी हमारे नहीं हैं बल्कि वही हैं जो हमारे आक़ाओं ने हमें सिखा-बता दिये हैं। ऐसे हालात में महात्मा गाँधी की जय बोलने की ताकीद करना फ़क़त ज़िद है और कुछ नहीं। शायर ने किस ख़ूबी और कमाल से पेशगोई की है...

क़राइन कर रहे हैं आ रहा है दौर फ़ितनों का
हवाएँ वो चलेंगी, नक़्श मिट जायेगा कितनों का
किसी की चल सकेगी क्या, अगर कुर्ब-ए-क़यामत है
मगर इस वक़्त इधर चरख़ा, उधर उनकी वज़ारत है

गो (हालाँकि) ये सही है कि 'उन' में

उनमें न रंग-ए-दरविश, उनमें न शान-ए-शाही
गाली है और ज़िन्दाँ, चरखा है और इंजन!

आख़री बाब (अध्याय) में ज़राफ़त के उनवान में तमाम हंगामों पर और गाँधियत के हर पहलू पर कमाल-ए-बलाग़त-ओ-ज़राफ़त के साथ नक़द-ओ-तब्सिरा (विचार-विमर्श) और इज़हार-ए-राय किया है। मुसलमानों का रुजहान, हिन्दुओं का बेबाक और बेतहाशा अक़दाम, ब्रितानवी हुकूमत और क़ौम से हिन्दू और मुस्लिम की रोज़ अफ़्ज़ूँ नफ़रत, वतन की आज़ादी के लिए दोनों की मुसवियाना सई (संगठित कोशिश) और अमल की ज़रूरत, मुसलमानों की हिन्दुओं की तरफ़ से बेऐतबारी, हिन्दुओं का हिन्दी (भारतीय) और बैरूनी (विदेशी) मुसलमानों के तसल्लुत और हुकूमत के दोबारा क़याम का बेजा-बेसबब ख़तरा, क़दीम एशियाई और हिन्दुस्तानी तहज़ीब-ओ-अतवार की तरफ़ रजअत, नौजवान हिन्दुओं की दीन-ओ-मज़हब से बेज़ारी और आज़ाद बेराहरवी, गाँधी के क़ौल-ओ-फ़ेल (कथनी-करनी) में, मज़हब और रहबानियत के रंग-रूप में एक तरफ़ अहल-ए-वतन की आफ़ियत-जूई और ब्रितानवी हुकूमत-ओ-इक़तिदार की बेख़कनी (उन्मूलन, विनाश) और दूसरी तरफ़ 'मुस्लिम ख़तरे' पर निगाह रखते हुए दर-परदा ब्रितानिया की ख़ैर-ख़्वाही और खुशामद और हिन्दुस्तान की मिल्लत-ए-इस्लामी को अलीउलदवाम दूसरों का दस्तनिगर रखने

की तदबीरें, ब्रितानवी अरबाब-ए-हुकूमत की बज़ाहिर सख़्त-गीर रविश के साथ हिन्दू-दोस्ती और मुस्लिम-दुश्मनी, एक जानिब अहल-ए-जाह-ओ-सरवत की साज़िश, मज़हब दयानत और मुसावात का अजीब इज़हार, दूसरी तरफ़ बेअमली, बेइल्मी, बेज़ारी, बेनज़्मी, अदम-इत्तिफ़ाक़, सही क़िस्म के रहनुमाओं की नायाबी, और ऐसे आलम व इन कैफ़ियात में हर तरह की कमज़ोरी और बेबसी...ये तमाम मज़ामीन और हक़ाइक़ 'ज़राफ़त' के हक़ीक़ी मायनों में इस बाब में जमा और मरकूज़ (संगृहीत) हैं। इन अश्आर में से तमसील और तौजीह की ग़रज़ से अगर इन्तिख़ाब (चुनाव) किया जाये तो मुमकिन है ये कुल बाब ही नक़ल (रेखांकित) हो जायेगा। लिहाज़ा इसको तहसील हासिल और तत्वील-ला-ताइल समझकर अहल-ए-ज़ौक़ के ज़ौक़ और ज़र्फ़-ए-आली पर एतमादे-पुर-इकतिफ़ा (पूरा विश्वास) करता हूँ।

और आख़िरकार मौलाना अब्दुल माजिद दरियाबादी के अल्फ़ाज़ पर अपनी बात ख़त्म करता हूँ कि, "अकबर बरजस्तगी बदीहागोई (किसी भी विषय पर तुरन्त लिख सकना) के बादशाह थे। मानी-आफ़रीनी गोया उनका हिस्सा थी। मज़मून हर क़िस्म के जैसे हाथ बाँधे उनके सामने खड़े रहते थे। जिस मज़मून को चाहा, बेहतरीन लफ़्ज़ी, सनअतकारी के साथ अदा कर दिया। पुरगोई गोया उन पर ख़त्म थी। 'अकबर' मज़हब के बड़े हामियों और मशरिक़ियत (पश्चिमी सभ्यता) के ख़ास तरफ़दारों में थे। और ये याद रहे कि ये वो वक़्त था जब 'रिफ़ार्म' या इसलाहों-तजद्दुद का झण्डा सर सैयद अहमद ख़ान मरहूम के हाथ में था। 'अकबर' उनके मुआसिर (समकालीन) थे, हालाँकि उम्र में उनसे काफ़ी छोटे थे। कलाम में ख़ूब-ख़ूब चुटकियाँ लेते जाते हैं, लेकिन चुटकियाँ भी अमूमन गुदगुदियों ही के रंग की होती हैं। 'अकबर' ज़ाती हैसियत

से बड़ी ख़ूबियों के शायर थे। हर बड़े-छोटे से झुककर मिलने वाले, किसी की दिल-शिकनी न गवारा करने वाले और नमाज़ व क़ुरान के पक्के आशिक़, ऐसे आशिक़ जो अच्छे-अच्छे आलिमों और दरवेशों में भी कमतर ही देखने में आया है।'' मुख़्तसर ये कि बक़ौल हज़रत 'इक़बाल' (रहम्मुल्ला) ''सीधे आसान और मुख़्तसर अल्फ़ाज़ में हक़ाइक़ बयान करना आपका कमाल है।''

आख़िर में इस किताब-ए-अज़ीज़ के मख़्तूते की शान में इतना और अर्ज़ करना ज़रूरी मालूम होता है कि मुसन्निफ़ 'अकबर' ने अपनी तहरीर में अक्सर मक़ामात पर सेहत के लिए और ग़ालिबन नाज़िर की हिदायत के लिए भी अल्फ़ाज़ पर एराब (ज़ेर-ज़बर) दे दिये हैं। ख़ाकसार राक़िम (लेखक) ने ये इल्तिज़ाम (रख-रखाव) न सिर्फ़ क़ायम रखा है बल्कि इसमें ज़रूरी मुक़ामात पर इज़ाफ़ा भी किया है।

दिल अज़ लताफ़त-ए-सुख़नश पुर निशात बाद!
जान रा ज़ नुक्ता हा-ए-ख़ूशिश इन्बिसात बाद!

–मुहम्मद नइमुर्रहमान

दीबाचा

इन औराक़ में "गाँधीनामा" के नाम से जो मजमूआ अशआर पेश किया जा रहा है। ये मेरे दादा जनाब अकबर इलाहाबादी 'रहमतुल्ला आलेही' का कलाम है, जो अब तक कहीं और कभी तबा ओर शाया नहीं हुआ। इसका ये नाम भी ख़ुद आले जनाब का तज्बीज़ किया हुआ है।

मेरे वालिद जनाब सैय्यद अशरफ हुसैन साहब मरहूम-ओ-मग़फूर का इरादा था के वो इन मनतूमाद आलया को शाया फरमाते मगर सेहत की मुसलसल नज़ाकत और दीगर अफकार ने उनको इतनी मौहलत और फ़राग़त नहीं दी के वो अपनी हयात में इस अदबी तोहफ़े को क़दरदानों के हाथों तक पहुँचा सकते। मैं किसी तरह अंदाजा नहीं कर सकता के जनाव वालिद मग़फूर इस रिसाले को किस शकल-ओ-शान से शाया फरमाने का क़सद रखते थे। लेकिन जहाँ ये मेरे लिये तसकीन का बायस है कि मैं इस बार अमानत से सुबुक दोष हो रहा हूँ।

मुझे ये इतमिनान और मसर्रत भी है के ये ग़रीज़ो नफ़ीस सहीफ़ा मेरे वालिद मरहूम के दोस्त और मेरे मोहतरम प्रोफेसर नईमुररहमान साहब के काबिल क़द्र मताले तहसीन और तमहीद के बाद शाया हो रहा है। इस लुत्फ़ के लिये हम सब उनके ममनून है।

हज़रत लसान-अल-असर के ये अफ़कार-ओ-ख़्यालात जिस ख़ूबी और कमाल के साथ हमारे आज के अहल-ए-असर के अफ़कार-ओ-ख़्यालात की आईनादारी करते है, इसकी दाद तलब की मोहताज नहीं है।

सैय्यद मौहम्मद मुस्लिम रिज़वी
इशरत मंजिल, इलाहाबाद
20 जुलाई 1946

गाँधीनामा

जनाब एडिटर साहब!

दो-चार रोज़ से आपके एडीटोरियल फ़ितना-ए-मौजूदा (आजकल के हंगामों) के मुतालिक़ बहुत मानी-ख़ेज़ (सार्थक) होते हैं। आप सही फ़रमाते हैं कि महात्मा गाँधी की निस्बत ख़यालात मुत्तहद (एक समान, सर्वसम्मत) नहीं हैं। एक तरफ़ कहा जाता है कि अफ़ग़ानिस्तान का हमला होगा, अंग्रेज़ चले जायेंगे, महमूद शाही होगी, हिन्दुओं का नुक़सान होगा, लेकिन ये क्यों नहीं कहा जाता कि अफ़ग़ानिस्तान का भी पैमाना लबरेज़ हो गया, बरतानिया से भिड़कर वो भी अपना इल्हाक़ (गठजोड़) ब्रिटिश हिन्द से करा देगा, वहाँ भी सगे-ज़र्द बिरादर-शिफ़ाँ मौजूद हैं। यही मजमून (लेख) है जिसकी तरफ़ शायर इस शेर में इशारा करता है :

भाई गाँधी का वसीला चाहिए
हज़्म काबुल का भी हीला चाहिए

एक साहब का ये ख़याल है :

वो शैख़ की शैख़ी रह न गयी, इस्लाम को बुत का राम[1] किया
सरकार ख़फ़ा क्यों होने लगी, गाँधी ने तो चोखा काम किया।

---

1. अधीन बन्दी।

ठाकुर की ज़बरदस्ती न रही, दहक़ान[1] की वो पस्ती न रही
सरकार की भी मरज़ी थी यही, गाँधी ने इलाक़ा ख़ाम[2] किया

बाहर का कोई बैठे न यहाँ, अफ़ग़ान हों या हों तुर्क मियाँ
मतलब है यही फिर गाँधी पर आयद[3] ये अबस[4] इल्ज़ाम किया

अफ़सोस तो है उस क़ुव्वत[5] पर, उस ख़्वाहिश पर, उस हालत पर
यारों को लड़ाया जिसने बहम[6], हर सुलह को जंग-अंजाम किया

अगर्चे शैख़ो-बिरहमन उनके ख़िलाफ़ इस वक़्त उबल रहे हैं
निगाह-ए-तहक़ीक़ से जो देखो, उन्हीं के साँचे में ढल रहे हैं

बाज़ (कुछ) साहिबों का ख़याल है कि ये एक इज़्तिरारी (जल्दबाज़ी में पैदा हुई) हालत है, कोई इत्तिहाद-ए-मुल्की (कई देशों का संगठन) वजूद पज़ीर नहीं है।

न मौलाना में लग़ज़िश[7] है, न साज़िश की है गाँधी ने
चलाया एक रुख़ इनको फ़क़त[8] मग़रिब[9] की आँधी ने

एक बड़ा गिरोह तर्के-मवालात से माज़ूरी (क्षमा) ज़ाहिर करता है :

जाह-ओ-ज़र[10] के रहे इंग्लिश[11] से हमेशा तालिब[12]
अहद-ए-पीरी[13] में बदल सकते हैं क्योंकर[14] क़ालिब[15]?

---

1. किसान, 2. ग़लत को सही, 3. लागू, 4. अकारण, व्यर्थ, 5. सामर्थ्य, 6. परस्पर, आपस में, 7. लड़खड़ाहट, 8. मात्र, केवल, 9. पश्चिम, 10. पद व धन, 11. अंग्रेज़, 12. इच्छुक, 13. बुढ़ापा, 14. कैसे, 15. शरीर।

मुश्तहर कर दें ये 'हमदम' मैं जनाब-ए-'जालिब'
ज़िन्दगी भर तो रहा इश्क़-ए-बुताँ ही ग़ालिब

"आख़िरी वक्त़ में क्या ख़ाक मुसलमाँ होंगे"

कूचा-ए-सर्विसे-इंग्लिश में रहे हम साकिन
जाह-ओ-ज़र ही की तमन्ना में कटे ज़ीस्त के दिन

वाज़-ए-गाँधी से बदल सकते हैं क्योंकर बातिन
"उम्र सारी तो कटी इश्क़-ए-बुताँ में मोमिन
आख़िरी वक़्त में क्या ख़ाक मुसलमाँ होंगे"

किसी ने तो साफ़ कह दिया है :

ये दाल लब-ए-गंग कभी गल नहीं सकती
कल्लू के पटाखे़ से बला टल नहीं सकती

हालाँकि कुछ एक को वहम है कि गोरमेंट परेशान है :

तहमद और धोती बहुत तंग आये थे पतलून से
लेकिन अब पतलून ढीली है इसी मज़मून से

ये हिमायत देखिए ये ढोल-ताशा देखिए
दौड़ना यारों का ऐसा बेतहाशा देखिए
आपने ताक़त की तो जौलानियाँ देखी बहुत
ज़ौफ़ के हैजान का भी अब तमाशा देखिए

एक ग़ालिब (प्रमुख) ख़याल ये है :

अंग्रेज़ क़ौमी भी हैं सरफ़राज़ भी हैं
तदबीर में, इल्मो-फ़न में मुमताज़ भी हैं

बाबू को नचा दिया जो चाबी देकर
इससे ये खुला कि दिल्लगी-बाज़ भी हैं

बाज़ मक़ादमत मज्हूल को लग़्व समझते हैं :

चश्म-ए-शायर[1] में बहुत दिलकश है गो[2] वो भी मगर
आपकी आँखों के आगे ज़िक्र-ए-नर्गिस[3] क्या करें

ज़ोर-ए-बाज़ू[4] जब नहीं है, जब नहीं तेग़-ओ-तफ़ंग[5]
सरनिगूँ[6] ख़ामे[7] से फिर क़ाग़ज़ पे घिस-घिस क्या करें

महात्मा गाँधी की इस नसीहत पर हँसते हैं :

न साहिब को मारो, न साहिब से भागो
मचाते रहो गुल, पिटो और माँगो

बाज़ (कुछ) को इत्मीनान भी है वो इसको मुतमियाना (सन्तोषजनक) और आईनी (विधि-सम्मत) जद्दोजहद समझते हैं :

---

1. शायर की निगाह में, 2. हालाँकि, 3. नर्गिस फूल की सुन्दरता का ज़िक्र, 4. बाज़ुओं की ताक़त, 5. तलवार व कवच, 6. नत मस्तक, 7. लेखनी, क़लम।

क्यों न हम हो जायें गाँधी के वज़ीर
वो न 'अनवर' बे, न 'काबुल' के अमीर

बल्कि लें तसबीह[1] भी जुन्नार[2] भी
क़ौम[3] भी ख़ुश, मुतमइन[4] सरकार भी

दैर[5] में हँसते हैं अब, काबे में बरसों रो लिए
शैख़ जी करते ही क्या, बाबू के पीछे हो लिए

आब-ए-ज़मज़म[6] से कहा मैंने, "मिला गंगा से क्यों?
क्यों तेरी तीनत[7] में ऐसी नातवानी[8] आ गयी?"
वो लगा कहने कि "हज़रत आप देखें तो ज़रा
बन्द था शीशे में, अब मुझमें रवानी आ गयी।"

कहीं आम तौर पर एक शायराना निगाह की जाती है :

जो पूछा, "क्यों कमर इस मंज़िल-ए-तारीक में बाँधी?
ज़बान-ए-हज़रत-ए-शौकत में बोले, बा-असर गाँधी
मुबाश ऐ रहनवर्द-ए-इश्क़ फ़ारिग़ अज़ तपीदन हा
कि दर आख़िर बजाई मी रसद अज़ ख़ुद रमीदन हा

बहुत ऐसे हैं कि बेख़बरी न बेपरवाही ही को पसन्द करते हैं :

---

1. शैख़ की माला, 2. जनेऊ, 3. राष्ट्र, 4. सन्तुष्ट, 5. मन्दिर, 6. मक्के के एक विशेष कुएँ का पवित्र जल, 7. नेचर, स्वभाव 8. कमज़ोरी।

मिलो गाँधी से ऐ 'अकबर' अगर सड़कों पे जी चाहो
झुको सुलतान के आगे अगर फ़रमान-ए-री चाहो
शरीक-ए-बज़्मे-रिन्द-ए-आफ़ीयत जू आ के हो जाओ
जो ज़ौक़-ए-बेखुदी हो और दौर-ए-जाम-ए-मय चाहो

ख़िताब (एवार्ड) की वापसी फ़िज़ूल समझी जाती है :

आपने वापिस किया न क्यों ख़िताब
बैठे हैं क्यों गोशे में मग़मूम-ओ-सुस्त

कहने लगे, इसका असर होगा क्या
नाज़ बर अन कुन कि ख़रीदार तुस्त

कोई कहता है कि ब-मजबूरी से बात पैदा की गयी :

शोख़ी-ए-ग़र्व से घबराई जो शर्क़ी रिन्दी
बुत ने अंगड़ाइयाँ लीं, दैर में चौंकी हिन्दी

लब पे आया ये सुख़न, कैसी उठी है आँधी
लहजा-ए-सब्र-ओ-मतानत में ये बोले गाँधी

ज़हन-ए-आली[1] से तरशने लगे क़ानून नये
आजिज़ी[2] हम को सुझाने लगे मज़मून[3] नये

---

1. ऊँची सोच, 2. विनम्रता, 3. विषय।

बाज़ लोग कहते हैं कि नयी तालीम (शिक्षा) ने बेअदबी फैलाई। फ़ितना-ए-मौजूदा[1] इसी का असर है :

ये जो हंगामा है, जिसकी हर तरफ़ ताईद[2] है
आपकी तालीम है और आपकी तक़लीद[3] है

मस्हक़ान-ए-अदब[4] को आपने रुसवा[5] किया
आपके दावा-ए-अज़्मत[6] की भी अब तर्दीद[7] है

ये ख़याल भी है कि ख़ुदा ही ने ये दर्जे क़ायम किये हैं :

इंग्लिश को ख़ुदा ने बादशाही दी है
रफतार-ए-ज़माना ने गवाही दी है
मद्दू भी लगाते हैं मदरिया का दम
हिन्दू को चिलम भी लाला-शाही दी है

ये भी कहा जाता है कि सरताबी (अवज्ञा) बिल्कुल हिमाक़त है गोरमेंट जो कुछ देती है, शुक्र-गुज़ारी से ले लो :

असर दौरे-फ़लक का पड़ रहा है जो ज़माने पर
तुम्हारे ये रज़ूलेशन उसे कम कर नहीं सकते
करेंगे वो तरक़्क़ी हम जो है ज़ाती-ओ-रूहानी
तुम्हारे साथ इस ज़िल्लत का मातम कर नहीं सकते

---

1. हंगामे, 2. पुष्टि, 3. अनुकरण, 4. साहित्यकारों, 5. बदनाम, 6. महानता का दावा, 7. खण्डन अवहेलना।

इस्लामी शायर कहता है कि गाँधी तो आज आया है, हम तो मुद्दत से वाज़ (प्रवचन, अच्छी बातें) कह रहे हैं, लेकिन हमारा पोलिटिकल मक़सद नहीं बल्कि सिर्फ़ मज़हबी व रूहानी :

निशान-ए-'शौकत' व गाँधी कुजा बूद
कि 'अकबर' सरफ़-ए-कश्फ़-ए-माजरा बूद
बजाए-मुल्क लेकिन मुद्दआ इश
ख़ुदा बूद व ख़ुदा बूद व ख़ुदा बूद

ये एतराज़ भी है कि तुम गाँधी के शरीक क्यों हुए!

इस सोच में हमारे नासेह टहल रहे हैं
गाँधी तो वज्द में हैं ये क्यों उछल रहे हैं
हैं वफ़्द और अपीलें, फ़रियाद और दलीलें
और किब्र-ए-मग़रबी के अरमाँ निकल रहे हैं

तर्क-ए-मवालात (असहयोग करने वाले) और अदमे-तशद्दुद (हिंसावादी विचारधारा) को बहुत से लोग बेजोड़ समझते हैं :

शबे-विसाल[1] में गाँधी का वाज़[2] आफ़त है
ये हुक्म है कि न बढ़िए मसास की हद से
हर इक की रग में नहीं है सुकून-ए-रूहानी
ये ज़ब्त[3] सहल[4] नहीं जज़्बा-ए-मुजर्रद[5] से
निगाह दूर ही रक्खो, ख़याल काफ़ी है
बजुज़[6] फ़साद के हासिल नहीं कुछ इस कद[7] से

---

1. मिलन की रात, 2. विचारधारा, 3. संयम, 4. आसान, 5. कुँआरा, अविवाहित, 6. सिवाय, 7. द्वेष, वैमनस्य।

ये ख़याल है कि मुसलमान ज़्यादा मातूब (कोप-भाजन) हैं :

गाँधी से क्यों हो वहशत, बातिन की मिस्ट्री है
'शौकत' से क्यों न खटकें? उनकी तो हिस्ट्री है

उधर हिन्दू भी मुतमइन (सन्तुष्ट) नहीं हैं :

जान उनकी कहीं तुर्क-ए-मुवालात न मारे
इस ख़ौफ़ में हैं तुर्क-ए-मुवालात न मारे

हरीफ़ (दुश्मन) का इशारा है :

शैख़ जी को ज़रा घुलाना है
लाला साहब तो देखे-भाले हैं

लेकिन क़ौल आख़िरी में है :

धोती के पेच में हैं, तहमद में तन रहे हैं
साहब बना रहे हैं, हम लोग बन रहे हैं

तेग़ ज़ुबाँ की देखो, हर सू बरहनगी है
बाबू की हैं कलीलें, साहब की दिल्लगी है

फ़लक से एक ऐसी धनक सुनाई देती है :

आसमानी तोप चलती है कहीं सदियों के बाद
लेकिन उड़ जाती हैं सारी ग़फ़लतें दो फ़ायर में

अकसर अहले-बसीरत (समझदार लोग) इस हंगामे को सिर्फ़ पॉलिसी का इश्वा (हाव-भाव) समझते हैं :

तबअ-ए-गाँधी व गोरमेंट को बरहम न करो
हाथापाई ये शब-ए-वस्ल की है, ग़म न करो

एक साहब अख़बार-बीनी को अब तज़ई-ए-औक़ात (समय की बर्बादी) समझते हैं :

जो गिरह में था हरीफ़ों ने उड़ाया उसको मुफ़्त
अब फ़क़त अख़बार हैं और मन च गुफ़्तम ऊ च गुफ़्त

कोई लतीफ़ा सुनाता है :

गाँधी ने मान ली है मदन-मोहिनी सलाह
हिन्दी तो थे ही, अब मदनी भी वो हो गये

एक का ख़याल है कि गोरमेंट की दिलचस्पी है गोया शिकार खेला जाता है :

वो उठने देते हैं ख़ुद फ़ितनाहा-ए-बेहक़ीक़त को
कि ता हासिल करें उसके फ़रू करने की लज़्ज़त को

गाँधी साहब के शिमले जाने पर तरह-तरह की चेमेगोइयाँ (जितने मुँह उतनी बातें) हैं :

नहीं कहता कि छोड़ें शग़्ल मुल्की दर्दमन्दी का
बस इक नज़्ज़ारा कर लें आ के शिमले की बुलन्दी का

मौलवी साहब के बीच-बचाव से बातों की इस्लाह पर लतीफ़ा-संजी की जाती है :

इज़हार-ए-जोश-ए-तबअ में वक़्त अपना खो चुके
ऊँघे जनाब-ए-शैख़ भी, गाँधी भी हो चुके

पण्डित सिखायें बीच में पड़ के तो क्या करें
काबुल के बुल से गाय जो भड़के तो क्या करें

साहब का भी भला हो कि मामन सुझा दिया
पण्डित का भी भला हो कि शौला बुझा दिया

एक साहब शौख़ी व ज़राफ़त (हँसी-मज़ाक़) से यूँ इज़हारे-ख़याल करते हैं :

बराए मा ब सर-ए-तख़्त-ए-ख़ूयश जा कर दी
दिल-ए-हरीफ़-ए-मेरा ग़ाफ़िल अज़ ख़ुदा कर दी

मिरा सत नाज़ व तन्जतर कि ज़र बदस्त आमद
तिरा सत बाज़ी व इश्वा कि ख़र बदस्त आमद

कुतबा क़ारी अफ़ी अना
इमाम यूनिवर्सिटी, इलाहाबाद
1947

गाँधीनामा

इंक़लाब आया, नयी दुनिया नया हंगामा है
शाहनामा हो चुका, अब दौर-ए-गाँधीनामा है

महात्मा गाँधी के वाज़ (विचारधारा) तर्के मुवालात यानी असहयोग-आन्दोलन पर बीसियों पहलू से नज़र की गयी है, जो शरीक (सहमत) नहीं हुए, उनकी तरफ़ से माज़रत (खेद, क्षमा) है...

एतराज़ात (आपत्तियाँ)

(1)

मेरी खुद्दारी को आखिर ले गये उसमें घसीट
अब है मेरी नौहा-ख़्वानी[1] और उनकी स्ट्रीट[2]

सब्रो-यकसूई-ओ-तक़वा[3] को कहूँगा मैं बजा[4]
ये तमाशा-ए-हिक़ायत-आफ़रीं[5], लेकिन बुरा

(2)

ना-दीदनी[6] उमूर[7] का था इक जगह गिला
सबने कहा कि आप भी लिल्लाह[8] बोलिए

---

1. रोना, विलाप, 2. गली, 3. संयम, एकान्त व असहमति, 4. उचित, 5. दिलचस्प तमाशा, 6. न देखने लायक़, 7. कार्यों, क्रिया-कलापों, 8. ईश्वर के लिए।

मैंने कहा कि दफ़अ[1] की ताक़त नहीं रही
मंज़र अगर बुरा है तो आँखें न खोलिए

(3)

चमका है बहुत पोलिटिकल अब असर-ए-क़ौम[2]
है क़ौम तो बेपर, मगर उड़ता है ज़र-ए-कौम[3]

क्या दीन के सुरमे से खुले चश्म-ए-बसीरत[4]
दुनिया ही की तहसील[5] पे जब हो नज़र-ए-क़ौम

अग्राज़ो-असर[6] की अबस उम्मीद है तुझको
हालत तो ये है पेश दर-ए-ग़ैर-ओ-सर-ए-कौम[7]

(4)

ज़ालिम को गालियाँ दीं, जुल्म उसका पाया अफ़्ज़ूँ[8]
बार-ए-जुबाँ[9] उतारा, और बार-ए-दिल[10] बढ़ाया

(5)

दियासिलाई की तेज़ी तो आ गयी हममें
कसर यही है कि डिबिया उन्हीं की जेब में है

---

1. उपेक्षा, इग्नोर करना, 2. जनता का असर, 3. जनता (राष्ट्र) का धन, 4. समझदारी की आँख, 5. विस्तार, फैलाव, 6. क्षतिपूर्ति व प्रभाव, 7. परायों के दर पे जनता के सरों की, 8. अत्यधिक, बढ़ा हुआ, 9. ज़ुबाँ का बोझ, 10. दिल का बोझ।

(6)

साज़े-गुलू[1] छिड़ा है हर सिम्त[2] इक उपज है
लेकिन ज़रा सुनो तो अफ़ अफ़ है या गरज है

(7)

नाज़ुक बहुत है वक़्त, ख़मोशी से रब्त[3] कर
ग़ुस्सा हो आह हो कि हँसी, सबको ज़ब्त[4] कर

(8)

इल्लतों[5] को तो खुद किया पैदा
अब ये मालूल पुर-फ़ुग़ाँ[6] कैसी

(9)

हाण्डी तो मुस्लिमों की अब भी है गरम लेकिन
बाकी नहीं मसाला शेख़ी बघारने को
वो ज़िन्दगी कहाँ अब, थी जिसमें जीत अपनी
अब हर तरफ़ है ख़फ़्त[7], जैसे हैं हारने को

(10)

ख़ामोश बड़ाई करने वाले हैं खड़े
इस वक़्त तो वो बड़ा जो साहब से लड़े

---

1. संगीत व गायन, 2. तरफ़, 3. सरोकार, 4. संयम, दबाना, 5. ऐब, दुर्व्यसन, 6. पछतावा व रोना-पीटना, 7. भय, डर, आशंका।

कहते हैं हमें मुसीबतों पर पड़ जायें
कब तक ये डरें, कहीं मुसीबत न पड़े

(11)

और ही थी साख़्त[1] तीरों की, निशाना और था
ये ज़माना और है और वो ज़माना और था
थी न ये लीडर की रक़्क़ासी[2], न ये क़ानूने-ग़र्ब[3]
सुनने वाले और थे, उस वक़्त गाना और था

(12)

हो तेज़ी-ए-'अनवर' की जो हवस[4] हंगामा करो, तोपों से भुनो
गाँधी की जो हिकमत[5] रास आए, चुपचाप गुज़मी[6] के थान बुनो
साहब की रफ़ाक़त[7] हो जो पसन्द, आसाम से जाकर चाय चुनो
'अकबर' की जो मानो, बैठ रहो, जो कुछ भी हो लेकिन सब्र करो
और हम्द-ए-ख़ुदा[8] के गीत सुनो

(13)

'मिल'[9] से कह दो कि तुझ में ख़ामी[10] है
ज़िन्दगी ख़ुद ही इक ग़ुलामी है

(14)

ज़िन्दगानी हो दराज़ उनकी ख़ुश-इक़बाली की
मौली साहब की न चलती है न बंगाली की

---

1. बनावट, 2. नाचना-गाना, 3. पाश्चात्य क़ानून, 4. इच्छा, 5. सोच, 6. खादी, 7. क़रीबी, 8. ईश्वर-स्तुति, 9. जॉन मिल (एक अंग्रेज़ दार्शनिक), 10. कमी, दोष।

(15)

दिल की ताक़त क्या यूँ ही ताक़त को खोना चाहिए
यानी बस बकता फिरे हर इक, 'ये होना चाहिए'
अहल-ए-ज़ाहिर[1] के तमाशों से तो कुछ होता नहीं
साहिब-ए-बातिन[2] को तनहाई में रोना चाहिए

(16)

इख़्तिलाफ़ों[3] के मुहैया[4] हैं जब इम्कान[5] इतने
मुतफ़िक़[6] हो नहीं सकने के मुसलमान इतने
हुक्म साहब ने दिया है कि शरारत न करो
ख़बर इतनी ही, और अख़बार के सामान इतने

(17)

न समझे थे ये नयी रोशनी के परवाने
यही है क़स्रे-खिलाफ़त[7] की फूँकने वाली
दुआ में रोइए इस वक़्त ये मुनासिब[8] है
हँसा रही है हरीफ़ों[9] को आप की गाली

(18)

चश्म-ए-शायर[10] में बहुत दिलकश है गो वो भी मगर
आपकी आँखों के आगे ज़िक्र-ए-नर्गिस[11] क्या करें

---

1. प्रदर्शनकारियों, 2. सहृदय व्यक्ति, 3. मतभेदों, 4. उपलब्ध, 5. विकल्प, 6. समर्थक, हामी, 7. विरोध रूपी महल, 8. उचित, 9. विरोधियों को, 10. शायर की निगाह, 11. अत्यधिक सुन्दर नरगिस नामक फूल का ज़िक्र।

ज़ोर-ए-बाज़ू जब नहीं है, जब नहीं तेग़-ओ-तफ़ंग[1]
सरनिगूँ[2] ख़ामे[3] से फिर काग़ज़ पे घिस घिस क्या करें

(19)

ठोंकते थे मर्दे-मैदाँ ही की पीठ
अब रेज़ोल्यूशन पे जै होने लगी

(20)

अपनी जगह हर इक का अरमाँ निकल रहा है
तोपें भी चल रही हैं, जूता भी चल रहा है
लेकिन रहा मैं चुपका, दिल में ये बात सोची
किस तक़वियत पर उठूँ? इंजीनियर न मोची

(21)

सवाब[4] जब है कि नाख़ुश हो इस बिना[5] पर तुम
दिलों को ताअत-ए-हक़[6] से ये दूर करते हैं
न ये कि ऐश हमारा किया उन्होंने तल्ख़[7]
हमीं ज़ईफ़[8] समझकर ग़रूर करते हैं

(22)

दुश्वार है मुस्तहक़े-ऑनर[9] होना
कुछ सहल[10] नहीं अली-बिरादर[11] होना

1. तलवार व ढाल, 2. नतमस्तक, 3. क़लम, लेखनी, 4. पुण्य, 5. आधार, 6. सत्य-निष्ठा, 7. कड़वा, 8. बूढ़ा इन्सान, बुज़ुर्ग, 9. सम्मान के क़ाबिल, 10. आसान, 11. अली बन्धु।

हाँ सब ये दुआ करें कि इन हिन्दुओं को
आसान हो पैरो-ए-पयम्बर[1] होना

(23)

तुम्हारी चाल राह-ए-कुफ़्र[2] से किस दिन अलग देखी
जो ज़ुल्म-ए-गुर्ग[3] उनमें है, तो तुम में हिर्स-ए-सग[4] देखी

(24)

जिस बात को मुफ़ीद[5] समझते हो, ख़ुद करो
औरों पे इसका भार न इसरार[6] से धरो
हालात मुख़्तलिफ़[7] हैं, ज़रा सोच लो ये बात
दुश्मन तो चाहते हैं कि आपस में लड़ मरो

(25)

न राज ही का मुझे शौक़ है, न शाही का
अगरचे[8] मैं भी हूँ तालिब[9] मगर ख़ुदा ही का
ये वाज़-ए-मग़रिब[10] और उसका असर ये मिल्लत[11] पर
बना है शौक़-ए-तरक़्क़ी[12] सबब[13] तबाही का

(26)

दीद के क़ाबिल अब उस उल्लू का फ़ख़्र-ओ-नाज़[14] है
जिससे मग़रिब[15] ने कहा, "तू आनरेरी'[16] बाज़ है

---

1. पयम्बर के अनुयायी होना, 2 पाप की राह, 3. भेड़ियों की सी प्रवृत्ति, 4. कुत्ते जैसी लालसा, 5. लाभदायक, 6. आग्रह, 7. भिन्न, असामान्य, 8. हालाँकि, 9. इच्छुक, 10. पाश्चात्य-दर्शन, 11. राष्ट्र, 12. तरक़्क़ी का शौक़, 13. कारण। 14. स्वाभिमान व अहंकार, 15. अंग्रेज़ी सरकार, 16. सम्मानित।

(27)

रफ़ीक़-ए-शैताँ[1] चमक गये हैं, मुईन-ए-आदम[2] दुबक गये हैं
सुनायें क्या तुमको क़ौल-ए-फ़ैसल[3] कि ग़ौर कर कर के थक गये हैं

हमारा चलना वो रेंगना है जो केंचुए भी हँसे बजा है
मगर ज़बाँ पर वो ज़मज़मे[4] हैं कि सुन के बुलबुल फ़ड़क गये हैं

(28)

तौहीद[5] का मुस्लिम ने बजा रखा है डंका
ताअत[6] से वो रुकता नहीं लन्दन हो कि लंका
दुनिया की ये तरकीब[7] तो बालू की है इक भीत
दीनी[8] जो नज़र कीजिए, इस्लाम की है जीत
सदियों की हुकूमत ने किया दीन को मरबूत[9]
अब वो न रही भी तो ये दीन अपना है मज़बूत

(29)

बेसूद[10] आज तज़किरा-ए-अदल-ओ-जोर[11] है
अपना भी एक वक़्त था, इनका भी दौर है

(30)

है छतरी भी चुप, न पटा है न बाँक है
पूरी भी खुश्क-लब[12] है कि घी छः छटाँक है

---

1. शैतान के मित्र, 2. मानवता के साथी, 3. निर्णायक बातें, 4. कलरव, 5. अद्वैतवाद, एकेश्वरवाद, 6. उपासना, इबादत, 7. सोच, 8. धार्मिक, 9. निरन्तर, गतिमान, 10. व्यर्थ बेकार, 11. इन्साफ़ और उत्पीड़न का ज़िक्र, 12. सूखी हुई।

गो[1] हर तरफ़ हैं खेत फलों से भरे हुए
थाली में खरपुज़े[2] की फ़क़त एक फाँक है
कपड़ा गिराँ[3] है सत्र[4] है औरत का आशकार[5]
कुछ बस नहीं ज़ुबाँ पे फ़क़त ढाँक ढाँक है
भगवान का करम हो स्वदेशी के बैल पर
लीडर की खेंच-खाँच है, गाँधी की हाँक है
'अकबर' पे भार है ये तमाशा-ए-दिल-शिकन[6]
इसकी तो आख़िरत की तरफ़ ताक-झाँक है

(31)

फ़िदा पर केक पर तुम आप, ख़ुद बिस्कुट पे गिरते हो
तो फिर क्या बेकरी को मुन्हदिम[7] करने को फिरते हो

(32)

दुनिया तो इसी घर की क़नीज़ आज है 'अकबर'
साहब से हो नाराज़ तो दुनिया को भी छोड़ो

(33)

ग़रीबों को सज़ा-ए-क़ैद से रंज-ओ-ज़रर[8] पहुँचा
हरीफ़ों[9] पर ज़रा सोचो कि इसका क्या असर पहुँचा

---

1. हालाँकि, 2. ख़रबूज़ा, 3. महँगा, 4. गुप्त अंग, 5. प्रकट, 6. दिल तोड़ने वाले हंगामे, 7. ध्वस्त, बरबाद, 8. कष्ट व दुख, 9. विरोधियों।

(34)

ज़हन[1] में आया ये मज़मून-ए-तफ़क्कुर-आफ़रीं[2]
जब हक़ीक़त पर नज़र की, वहम को कम कर दिया
दैर[3] को शुक्र-ए-कलीसा[4] चाहिए करना अदा
सामने बुत[5] के उसी ने शैख़ को ख़म[6] कर दिया

(35)

महात्मा जी से मिल के देखो, तरीक़[7] क्या है सभाओ[8] क्या है
पड़ी है चक्कर में अक्ल सबकी, बिगाड़ तो है बनाओ[9] क्या है

(36)

रुख़ जो हो तर्क-ए-मवालात[10] का उक़्बा[11] की तरफ़
तेरी आँखें न उठें ज़ीनत-ए-दुनिया[12] की तरफ़

(37)

ऐ भाइयों, है दिल में तुम्हारे ये ठनी क्या
सच्चा सही शिकवा, ये बताओ शुदनी[13] क्या

बिगड़ी भी कुछ उनकी, तो कहो अपनी बनी क्या
बेफ़ायदा तुम कर रहे हो राय-ज़नी[14] क्या

---

1. दिमाग़, 2. विचारात्मक आलेख, 3. मन्दिर, 4. गिरजाघर का धन्यवाद, 5. मूर्ति, 6. नतमस्तक, 7. जीवन-शैली, 8. स्वभाव, 9. समाधान, उपाय, 10. असहयोग आन्दोलन, 11. परलोक 12. दुनियावी सौन्दर्य, 13. भविष्य, होनी, 14. बहस।

बस सब्र करो ताअत-ओ-तक़्वा[1] में गुज़ारो
रक्खो सरे-तस्लीम को ख़म[2], हक़[3] को पुकारो

(38)

हज़रत-ए-'बरहम' ने फ़रमाया पसन्द इस राय को
ऊँट को ज़ेबा[4] मतानत[5] और कलीलें[6] गाय को

उनको बढ़ना चाहिए और हमको बचना चाहिए
होम रूल उनको मुबारक हमको तक़्वा[7] चाहिए

(39)

यही गाँधी से कहकर हम तो भागे
क़दम जमते नहीं साहब के आगे
वो भागे हज़रत-ए-गाँधी से कह के
''मगर से बैर क्यों दरिया में रह के''

(40)

हमारे मुल्क में सरसब्ज़ इक़बाल-ए-फ़िरंगी है
कि नन को आपरेशन में भी शाख़-ए-ख़ाना-जंगी है

(41)

मेरी मंशा थी यही, तहमद ही के अन्दर तनें
ये ग़रज़ हरगिज़ न थी पतलून के खटमल बनें

---

1. ईश्वर की मर्ज़ी, 2. अपने मस्तक को स्वीकृति में झुकाओ, 3. ईश्वर, सत्य, 4. शोभित, 5. संजीदगी, 6. उछलकूद, 7. संयम, सत्याग्रह।

(42)

जो पूछा मैंने कैसी शब[1] थी कल, क्या हाल तेरा था
तेरे घर में नहीं थी रौशनी, बिल्कुल अँधेरा था

वो बोला, शोख़ी-ए-परवाना से मैं तंग आया था
मेरे दिल में पतंगों से ख़याल-ए-जंग[2] आया था

उछलने-कूदने का शौक़ था परवाने के सर में
किया तर्के-तआवुन[3], रौशनी की ही नहीं घर में

कहा मैंने कि परवानों को जो कुछ भी ज़रर[4] पहुँचा
बता मुझको कि तारीकी[5] का तुझ पर क्या असर पहुँचा

लगा कहने, अँधेरे में तो ठोकर मैं भी खाता था
मगर उड़ने के बदले रेंगना उनका ख़ुश आता था

(43)

निशान-ए-शौकत-ओ-गाँधी[6] कुजा[7] बूद[8]
कि 'अकबर' सर्फ-ए-कश्फ़-ए-माजरा[9] बूद
बजा-ए-मुल्क[10] लेकिन मुद्दआयश[11]
ख़ुदा बूद व ख़ुदा बूद व ख़ुदा बूद[12]

---

1. रात, 2. युद्ध का विचार, 3. सहयोग से इनकार, 4. नुक़सान, कष्ट, 5. अँधेरा, 6. शौकत अली व गाँधी की मौजूदगी, 7. कहाँ, 8. थी, 9. माजरा समझने में व्यस्त, 10. राष्ट्र की जगह, 11. सारांश, 12. ईश्वर ही था।

(44)

करेंगे न हम हुक्म-ए-लीडर[1] पे साद[2]
कि क़ुरआन में है लाइहुतउलफ़साद

(45)

इस सोच में हमारे नासेह[3] टहल रहे हैं
गाँधी तो वज्द[4] में हैं ये क्यों उछल रहे हैं
नश्व-ओ-नुमा-ए-कौंसिल[5] जिनको नहीं मयस्सर[6]
पब्लिक की जै में उनके मज़मून[7] पल रहे हैं
हैं वफ़्द[8] और अपीलें, फ़रियाद और दलीलें
और किर्ब-ए-मग़रबी[9] के अरमाँ निकल रहे हैं
ये सारे कारख़ाने अल्लाह के हैं 'अकबर'
क्या जा-ए-दम-ज़दन[10] है, यूँ ही ये चल रहे हैं

(46)

भाई गाँधी का वसीला चाहिए
हज़्म काबुल का भी हीला चाहिए
दूर अभी है पेट चलने की बहार
आजकल तो है निगलने की बहार

---

1. लीडर का आदेश, 2. रज़ामन्दी, 3. धार्मिक उपदेशक, 4. अपनी मस्ती, 5. कौंसिल की उत्पत्ति व विकास, 6. उपलब्ध, हासिल, 7. लेख, निबन्ध, 8. प्रतिनिधिमण्डल, 9. पाश्चात्य सोच, 10. दम घुटने की स्थिति।

(47)

इंगलिश[1] को खुदा ने बादशाही दी है
रफ़तार-ए-ज़माना ने गवाही दी है
मद्दू[2] भी लगाते हैं मदरिया का दम
हिन्दू को चिलम भी लाला शाही दी है

(48)

हुकूमत और दौलत की जो दे चाट
जो बन जायेंगे ये आख़िर तेरे भाट
अदावत[3] मज़हबी जो है पुरानी
उभार उनको ब-अन्दाज़-ए-निहानी[4]
मुझे मालूम हैं नीटू ख़साइल[5]
कहाँ ये वहदत-ए-मुल्की[6] पे माइल[7]
कोई दादर को अपने रट रहा है
कोई इक जानवर पर कट रहा है
ज़बाँ पर ही कोई देता है याँ[8] जान
मआनी[9] होते हैं लफ़्ज़ों पे क़ुरबान
हक़ीक़त में ये सब हैं शिर्क-आलूद[10]
इसी से तू है इनके सर पे मौजूद
कोई इनमें से ऐसा खुदग़र्ज़ है
कि क़ौमी बहस को समझा मर्ज़ है
ग़रज़ ज़ाती तू उसकी कर दे पूरी
तो है मंज़ूर उसको सबसे दूरी

---

1. अंग्रेज, 2. ग़रीब मुसलमान, 3. दुश्मनी, 4. गुप्त तरीक़े से, 5. भले मानुस, 6. राष्ट्र-प्रेम, 7. आमादा, तत्पर, 8. यहाँ, 9. अर्थ, 10. दोष-पूर्ण।

तो रह बेदार और मसरूफ़-ए-जस्टिस[1]
समझ ले बेअसर नीटू की घिस घिस
हिन्दुओं के साथ हो गये

(49)

गाय का तो कुछ ठिकाना भाई गाँधी ने किया
शैख़ जी का ऊँट किस कल बैठता है देखें

दैर में हँसते हैं अब, काबे में बरसों रो लिए
शैख़ जी करते ही क्या, बाबू के पीछे हो लिए

(50)

पेट के वास्ते पपीता है
दिल बढ़ाने को दरसे-गीता[2] है

हिन्द में दिया ख़ुदा ने मक़ाम
बन्दा अब दैर[3] ही में जीता है

(51)

अब शैख़ जी मुक़ीम बिरहमन के पास हैं
गाय उछल रही हैं, क़साई उदास हैं

---

1. न्याय करने में व्यस्त, 2. गीता का उपदेश, 3. मन्दिर।

(52)

आब-ए-ज़मज़म[1] से कहा मैंने, मिला गंगा से क्यों?
क्यों तेरी तीनत[2] में ऐसी नातवानी[3] आ गयी
वो लगा कहने कि हज़रत आप देखें तो ज़रा
बन्द था शीशी में अब मुझमें रवानी आ गयी

(53)

हामी हुआ जो गाय का बेशक ज़हीन है
समझा ये दिल में गाय के सर पर ज़मीन है

(54)

मुराद भी मिली, हमदर्द भी हुए मशहूर
शरीक-ए-मातम-ए-'अकबर' हुए ये ख़ूब किया

गाँधी का साथ बग़ावत नहीं है

(55)

न साहब को मारो, न साहब से भागो
मचाते रहो गुल[4], पिटो और माँगो

(56)

क्यों न हम हो जायें गाँधी के वज़ीर
वो न 'अनवर' बे, न काबुल के अमीर

---

1. मक्का में मिलने वाला पवित्र जल, 2. नेचर, प्रकृति, 3. कमज़ोरी, 4. शोर,

(57)

बल्कि लें तसबीह[1] भी, ज़न्नार[2] भी
क़ौम भी खुश, मुतमइन[3] सरकार भी

(58)

कहा बुलबुल ने, क्यों रहूँ ख़ामोश,
फिर क्या ये ज़माना पाऊँगी
ज़िब्ह होने की बात नहीं
रहा फँसना तो दाना पाऊँगी

(59)

अगरचे शैख़-ओ-बिरहमन[4] उनके ख़िलाफ़ इस वक़्त उबल रहे हैं
निगाह-ए-तहक़ीक़[5] से जो देखो, उन्हीं के साँचे में ढल रहे हैं

(60)

वो शैख़ की शैख़ी रह न गयी, इस्लाम को बुत का राम[6] किया
ठाकुर की ज़बरदस्ती न रही, दहक़ान[7] की वो पस्ती न रही

सरकार की भी मरज़ी थी यही, गाँधी ने इलाक़ा ख़ाम किया
बाहर का कोई बैठे न यहाँ, अफ़ग़ान हों या हों तुर्क मियाँ
मतलब था यही फिर गाँधी पर आयद[8] ये अबस[9] इल्ज़ाम किया
अफ़सोस तो है उस कुव्वत[10] पर, उस ख़्वाहिश पर उस हालत पर
यारों को लड़ाया जिसने बहम[11], हर सुलह को जंग-अंजाम किया

---

1. माला, 2. जनेऊ, 3. सन्तुष्ट, 4. मुल्ला व पण्डित, 5. जिज्ञासु दृष्टि, 6. गुलाम, अधीन, 7. किसान, 8. लगाना 9. व्यर्थ, अकारण 10. सामर्थ्य 11. परस्पर, आपस में।

(61)

गाँधी है गऊ आदमी, वो बुल[1] तो नहीं है
गुजरात ही की बात है, काबुल तो नहीं है
कुछ इससे भड़कने की ज़रूरत तो नहीं है
मानी हों, ख़तरनाक, वो सूरत तो नहीं है

तर्क-ए-मवालात की तौजीह

(असहयोग आन्दोलन की प्रासंगिकता)

(62)

इस इन्तिशार-ए-क़ौमी[2] का तुझको क्या गिला है
आँधी चली है ऐसी, ज़र्रों की क्या ख़ता है

(63)

ये जो हंगामा है जिसकी हर तरफ़ ताईद[3] है
आपकी तालीम है और आपकी तक़लीद[4] है

मुस्तहक़ान-ए-अदब[5] को आपने रुसवा किया
आपके दावा-ए-अज़्मत[6] की भी अब तरदीद[7] है
मर्ग का ख़तरा मुबारक हो उन्हें जो ज़िन्दा हैं
हम तो मुर्दा हैं, क़यामत की हमें उम्मीद है

---

1. बैल, 2. राष्ट्रीय बिखराव, 3. स्वीकृति, 4. अनुसरण, 5. सभ्य व शालीन समाज, 5. बहुत बड़ा दावा, 7. टूटना, रद्द होना।

(64)

शौख़ी-ए-ग़र्ब[1] से घबराई जो शरक़ी[2] रिन्दी
बुत ने अँगड़ाइयाँ लीं, दैर में चौंकी बन्दी

लब पे आया ये सुख़न[3] कैसी उठी है आँधी
लहजा-ए-सब्र-ओ-मतानत[4] में ये बोले गाँधी

ज़हन-ए-आली[5] से तरशने लगे क़ानून नये
आजज़ी[6] हमको सुझाने लगी मज़मून[7] नये

(65)

अभी तो आप हैं बिजली इधर गिरिए उधर गिरिए
क़रीब है वो ज़माना कि भागते फिरिए

ख़याल-ए-नश्व-ओ-नुमा[8] है उन्हीं के चंगुल में
तो बहस क्या है, उसी मिल में जाइए चिरिए

(66)

हम ताजिर हों, तुम नौकर हो, इस बात पे सब अक़्ल है गुम
अंग्रेज़ की तो ख़्वाहिश है यही, बाज़ार में हम, दरबार में तुम

---

1. पश्चिमी हाव-भाव, 2. पूर्वी, 3. सवाल, 4. शान्त व सौम्य अन्दाज़, 5. उच्च सोच, 6. विनम्रता, 7. विषय, लेख, 8. उत्पति और विकास का दारोमदार।

(67)

लाख समझाता हूँ उसको, मेज़ पर आ, चाय पी
ये अरूस-ए-हिन्द[1] अब तक कह रही है "हाय पी"[2]

(68)

जो शाम-ए-फ़ितना[3] उफ़ुक़[4] पर जहाँ में तारी[5] है
वो सिलसिला अभी क़ायम है, और जारी है

नतीजा इसका अयाँ[6] होगा चन्द रोज़ के बाद
ज़हूर-ए-साज़[7] भी होगा, वफ़ूर-ए-सोज़[8] के बाद

ख़ुदा की याद से पुर-नूर[9] जिनका है सीना
समझ रहे हैं कि फ़ितरत नहीं है नाबीना[10]

(69)

हुस्न भी है, ज़ोर भी है और ख़ुश-इक़बाली भी है
है मगर अफ़सोस इसका, हर तरफ़ गाली भी है

(70)

हर चन्द[11] हाल-ए-दुनिया इस वक़्त मन्क़लिब[12] है
ईमान मुतमइन है और कुफ़्र मुज़्तरिब[13] है

---

1. हिन्दुस्तान रूपी दुल्हन, 2. हाय प्रिय, 3. हंगामे की शाम, 4. क्षितिज, 5. छायी हुई, 6. प्रकट, 7. वाद्य का प्रदर्शन, 8. संगीत के आधिक्य, 9. रौशन, 10. अन्धा, दृष्टिहीन, 11. यद्यपि, हालाँकि, 12. अस्त-व्यस्त, 13. व्याकुल।

ज़ाहिर पे तुम न जाओ, है ऐतबार-ए-बातिन[1]
उक़्दा[2] मेरे सुख़न[3] का खुल जाएगा किसी दिन

(71)

उनकी दिलचस्पी की ख़ातिर, ग़ुल मचाना है ज़रूर
है ये गुस्ताख़ी, वो चाहें खेलना, तुम चुप रहो

(72)

डाक्टर कह गये हरगिज़ नहीं फटने का ये पेट
सारी दुनिया को वो कहते हैं, 'निगल जायेंगे'

हम वो लुक़्मा[4] हैं कि हरगिज़ न पचेंगे उनको
मुँह जो इस ज़ौम[5] में मारा है तो पछतायेंगे

(73)

जो पूछा, 'क्यों कमर इस मंज़िल-ए-तारीक[6] में बाँधी?'
ज़बान-ए-हज़रत-ए-'शौकत'[7] से बोले बा-असर[8] गाँधी

''मुबाश ऐ रह-नवर्दे-इश्क़ फ़ारिग़ अज़ तपीदन हा
कि दर आख़िर बजाई मी रसद अज़ ख़ुद रमीदन हा''

---

1. विश्वास, पूरा भरोसा, 2. भेद, गुत्थी, 3. बातचीत, 4. ग्रास, निवाला, 5. ग़लतफ़हमी दुःसाहस, 6. कठिन यात्रा, 7. मुस्लिम नेता जनाब शौकत अली की ज़ुबान में, 8. प्रभाव में आकर।

(74)

मुस्लिम का मियाँ-पन सोख्त[1] करो, हिन्दू की भी ठकुराई न रहे
बन जाओ हर इक के बाप यहाँ, दावे को कोई भाई न रहे

हम आपके फ़न के ग्राहक हों, खुददाम[2] हमारे हों ग़ायब
सब काम मशीनों ही से चले, धोबी न रहे, नाई न रहे

(75)

गाँधी के साथियों में जो हैं वो नेक ही हैं
'महाराज' और 'मुहाजिर' के हर्फ़ एक ही हैं

(76)

सुन लो ये भेद, मुल्क जो गाँधी के साथ है
तुम क्या हो, सिर्फ़ पेट हो, वो क्या है, हाथ है

(77)

धूम है तर्क-ए-मवालात में और नाम भी है
साथ साहब के मगर अम्न है आराम भी है
शैख़ पर फ़यर भी करते हैं, नमाज़ी भी हैं आप
मदद-ए-कुफ़्र भी है, रौनक़-ए-इस्लाम भी है

---

1. समाप्त, नष्ट, 2. सेवक टाइप लोग।

(78)

कलीसा[1] के मुक़ाबिल[2] मुश्किल मेरा जीना है
कि ग़ैरों से उसे गुस्सा ही है, मुझसे तो कीना[3] है

(79)

न मौलाना में लग़जिश है, न साज़िश की है गाँधी ने
चलाया एक रुख़ उनको फ़क़त मग़रिब की आँधी ने

(80)

इस्पीज सिल्क-ए-दुर[4] थी, अब आहन[5] है पाओं में
वाँ सौ सुनार की भी, इधर इक लुहार की है

(81)

इस तर्क-ए-मवालात के कीड़े, ये पड़े क्यों
इतना ही है बस इसका जवाब, 'आप सड़े क्यों'

(82)

एंटी कांग्रेस के हुए मूजिद[6] सैयद
ख़ुद गोरमेंट ने दी उनको शिकस्त-ए-जैयद

नज़्म बंगाल की तनसीख़[7] हुई जब ज़ाहिर
तो अलीगढ़ भी हुआ पोलिटिकल बिल-आख़िर[8]

---

1. गिरजाघर, 2. सामने, 3. वैमनस्य, द्वेष, 4. मोतियों की लड़ी, 5. लोहे की ज़ंजीर, 6. आविष्कारक, 7. ख़त्म, बर्बाद, 8. आख़िरकार।

अब भी जो हुक्म हो, हाज़िर हैं मुसलमान ग़रीब
लाज़िमी बात है लेकिन कि हूँ हिन्दू से क़रीब

वज़-ओ-मज़हब[1] में तो हज़रत ही ने डाला है ख़लल
शुदनी[2] था कि वो क़ानून-ए-अदब जाये बदल

होशियारों में तो अब सोज़ कहाँ बाक़ी है
चन्द मस्तों में फ़क़त दिल का धुआँ बाक़ी है

(83)

रहूँ मैं मुहतरिज़[3] इससे, बिला शक[4] है ये दानाई[5]
मगर इस सोच में है दिल, ये हालत पेश क्यों आई

(84)

तहज़ीब-ए-क़दीम[6] के अरकान[7] थे जब चुस्त
मुल्की हालात सब रहे साफ़ व दुरुस्त

तालीम-ए-जदीद[8] ने किया फ़ितना[9] बपा[10]
ऐ बाद-ए-सबा[11] ईन हुमां आवुरदा-ए-नुस्त[12]

(85)

मग़रबी[13] तालीम से दिल एशिया का है मलूल[14]
कर दिया ख़ल्क़त[15] को इसने बेतमीज़-ओ-बेउसूल[16]

---

1. धर्म-ईमान, 2. होनी, 3. दूर, परे, 4. निस्सन्देह, 5. समझदारी, 6. प्राचीन सभ्यता, 7. लोग, 8. नयी शिक्षा, 9. हंगामे, 10. घटित, 11. शीतल पवन, 12. ये सब नहीं होता था, 13. पश्चिमी, 14. दुखी, 15. समाज, 16. बदतमीज व मर्यादाहीन।

जो करे इस्लाह[1] इसकी, मदह[2] का है मुस्तहिक़[3]
और बातों को बज़ाहिर मैं समझता हूँ फ़िज़ूल

(86)

लश्कर-ए-गाँधी[4] को हथियारों की कुछ हाजत[5] नहीं
हाँ मगर बेइन्तिहा[6] सब्र-ओ-कनाअत[7] चाहिए

(87)

नयी रौशनी का हुआ तेल कम
हुकूमत ने उससे किया मेल कम

मौलवी इधर किस मपुरसी में थे
न आफ़िस में थे और न कुरसी में थे

ये ठहरी कि आपस में मिल जाइए
सियासी कमेटी में पिल जाइए

इसी मेल का आजकल है ज़हूर[8]
ख़ुदा जाने ज़ुल्मत[9] है इसमें कि नूर

(88)

क्यों दिले-गाँधी से साहब का अदब जाता रहा
बोले, क्यों साहब के दिल से ख़ौफ़-ए-रब जाता रहा

---

1. व्याख्या, विवेचना, 2. तारीफ़, 3. अधिकारी, 4. गाँधी की फ़ौज, 5. ज़रूरत, 6. अत्यधिक, 7. संयम व सहनशक्ति, 8. फ़ैशन, चलन, 9. अँधेरा।

(89)

आपने वापस न किया क्यों ख़िताब
बैठे हैं क्यों कोने में मग़मूम[1] व सुस्त

कहने लगे, इसका असर होगा क्या
नाज़ बर आन कुन कि ख़रीदार-ए-नुस्त[2]

(90)

आप क्यों अपना ख़िताब-ए-जान वापस कीजिए
ख़ुद उन्हीं से कहिए, मेरी शान वापस कीजिए

वापसी ऑनर की झगड़ा ख़त्म कर सकती नहीं
लोग कहते हैं ख़ुदा को, जान वापस कीजिए

(91)

इक शैख़े-हक़-अन्देश से ये शेर सुना कल
जब छावनी में तोप दग़ी सुबह को तड़के

साहब से रहे मिल के, वही ख़ूब है नीटू
घोड़ा वही अच्छा है जो मोटर से न खड़के

(92)

इन तरीक़ों से उम्मीदे-ख़ैर क्या
रह के दरिया में मगर से बैर क्या

---

1. दुखी, 2. अब इन सब चीज़ों का कोई ख़रीददार नहीं है।

(93)

यही मरज़ी ख़ुदा की थी हम उनके चार्ज में आये
सर-ए-तसलीम ख़म है, जो मिज़ाज-ए-जार्ज में आये

(94)

दे ख़ार कोई फूल तो उससे उलझ पड़ूँ
बदली हुई हवा हो तो मौसम से क्या लड़ूँ

(95)

कूचा-ए-सर्विस-ए-इंगलिश[1] में रहे हम साकिन[2]
जाह-ओ-ज़र[3] ही की तमन्ना में कटे ज़ीस्त[4] के दिन

वाज़-ए-गाँधी[5] से बदल सकते हैं क्योंकर बातिन[6]
''उम्र सारी तो कटी इश्क़-ए-बुताँ में मोमिन
आख़िरी वक़्त में क्या ख़ाक मुसलमाँ होंगे''

(96)

जाह-ओ-ज़र के रहे इंगलिश से हमेशा तालिब[7]
अहद-ए-पीरी[8] में बदल सकते हैं कैसे क़ालिब[9]

मुश्तहर[10] कर दें ये 'हमदम' में जनाब-ए-'जालिब'
ज़िन्दगी भर तो रहा इश्क़-ए-बुताँ ही ग़ालिब[11]

---

1. अंग्रेज़ों की सर्विस, 2. सर्वेन्ट, 3. पद व धन, 4. जीवन, 5. गाँधी की विचारधारा, 6. सच्चाई, 7. इच्छुक, 8. बुढ़ापा, 9. जीवन, शरीर, 10. प्रसिद्ध, 11. छाया हुआ।

"आख़िरी वक़्त में क्या ख़ाक मुसलमाँ होंगे"

(97)

हो जो तक़्वा[1] के सिवा तर्क-ए-मवालात कुछ और
तो वो इस्लाम नहीं बल्कि हुई बात कुछ और

उल्मा[2] ख़ुश हुए सुन कर ये मेरा शेर 'अकबर'
हाँ मुख़ालिफ़ ने कहा, "बकिए ख़ुराफ़ात कुछ और"

(98)

बस आप ही कीजिए उछल-कूद
हम से ये उम्मीद अब है बेसूद

तेज़ाब में हम तो गल चुके हैं
उनके साँचे में ढल चुके हैं

(99)

वाज़[3] ये कहिए अगर इस्लाह-ए-नेशन चाहिए
नफ़्स[4] की ख़्वाहिश को नॉन कोऑपरेशन[5] चाहिए

(100)

मैं हूँ नॉन कोऑपरेशन के लिए तैयार-ए-जस्त[6]
तुम तो लेकिन एंटी-नॉन-कोऑपरेशन में हो मस्त

---

1. संयम, 2. विद्वान, 3. प्रवचन, उपदेश, 4. इन्द्रियाँ, 5. Non Co-operation, 6. तत्पर।

वो दिलाता है दिल-ए-दीं दार[1] को तक़वा[2] की याद
एंटी-नॉन-कोऑपरेशन है मगर शिर्क-ओ-फ़साद[3]

(101)

हम हैं माज़ूर[4], घर ही में हैं धरे
आफ़ियत[5] में ख़लल पड़ा तो मरे

जिसको हो ज़ोर ख़ाना-जंगी[6] का
वो करे सामना फ़िरंगी का

(102)

भाई गाँधी की रविश[7] में बहुत उम्मीद नहीं
है वो दिलचस्प मगर वुसअत-ए-तक़लीद[8] नहीं

(103)

पोलटिकली झगड़े छोड़ो
इन बातों से अब मुँह मोड़ो
कैसे 'डायर' कैसे हंटर
लाओ साग़र[9], लाओ कंटर[10]

---

1. धार्मिक हृदय, 2. संयम, सहनशीलता, 3. पाप व फ़साद, 4. विवश, 5. आराम, 6. गृह-युद्ध, 7. पथ, राह, 8. अनुकरणीय, 9. शराब का प्याला, 10. एक महँगी शराब।

(104)

दुश्मन हैं सब ख़ुदा ही की रहमत है जाँ-नवाज़[1]
दिल को लगा ख़ुदा ही से, ले अपनी आँख मूँद

गोले तो एयर शिप से वो बरसा सके बहुत
टपका सके न अब्र[2] से पानी की एक बूँद

(105)

तर्जुमा आयत-ए-क़ुर्आन का सुनाता हूँ तुम्हें
जिसमें हो इसकी जगह दिल वो है सीना वो है
फ़क़त इक लहू-ओ-लाब है ये हयात-ए-दुनिया
बाद मरने के जो पेश आयेगा, जीना वो है

(106)

इबरत के साथ देख तमाशा-ए-इंक़लाब
मुज़्दा[3] कहीं है और कहीं, 'हाय इंक़लाब'

फ़ानी[4] जहान हश्र की मंज़िल में है रवाँ
किस तरह तय हो ये, जो न हो पाये इंक़लाब

हर रंग में जिसे नज़र आती है शान-ए-हक़[5]
बाग़-ए-जहाँ में क्या उसे परवा-ए-इंक़लाब

---

1. रक्षक, 2. बादल, 3. ख़ुशख़बरी, 4. नश्वर, 5. ईश्वर की शान।

उम्मीद रख ख़ुदा से, इबादत से मुँह न मोड़
रंग-ए-ज़माना कुछ ही हो, लाख आये इंक़लाब

(107)

मर्द-ए-मुस्लिम है अगर, सब्र को खोने का नहीं
कुफ़्र से तालिब-ए-इज़्ज़त कभी होने का नहीं

(108)

अरमाँ बक़र्द्र-ए-ताक़त हर सू निकल रहे हैं
साहब तो उड़ रहे हैं और हम उछल रहे हैं

(109)

झुका हुआ हूँ मैं सू-ए-मशरिक़ उधर वो मग़रिब में तन रहा है
मेरा फ़साना हुआ पुराना, अब उसका अफ़साना बन रहा है
नहीं है दूर अब वक़्त-ए-आख़िर हज़ूरी हक़ में रह तू हाज़िर
इन इंक़लाबों से हो न बेदिल, यही फ़लक का चलन रहा है

(110)

मिल न सकी मेम्बरी तो जेल ही को झेलता
बेसकत हूँ, वरना कोई खेल मैं भी खेलता

(111)

इंक़लाबों को समझ हश्र की तमहीद[1] फ़क़त[2]
है ये तरकीब फ़सादात की तजदीद[3] फ़क़त

---

1. भूमिका, 2. केवल, मात्र, 3. नवीनीकरण।

(112)

हज़रत-ए-ईसा[1] की ही आमद[2] का ये सामान है
कोई घबराया करे, मुझको तो इत्मीनान[3] है

(113)

क्यों गैस के साथ उड़िए, गोबर की तरह लिपिए
दोनों ही में ज़हमत है, लिल्लाह कहीं छुपिए

(114)

मिलो गाँधी से ऐ 'अकबर' अगर सड़कों पे जी चाहो
झुको सुलतान के आगे, अगर फ़रमान-ए-री[4] चाहो

शरीक-ए-बज़्म[5] रिन्द-ए-आफ़ियत[6] जो आके हो जाओ
अगर हो ज़ौक़-ए-मस्ती[7] और दौर-ए-जामे मय[8] चाहो

(115)

उधर बिफरे हुए साहब हैं और रोज़-ए-हवाई है
इधर रूठे हुए गाँधी हैं, शिकवा और ढिठाई है

जो हर को जप रहे थे, तंग हैं जो इन बखेड़ों से
किधर फ़रियाद को जायें, ख़ुदा ही की दुहाई है

---

1. ईसा मसीह, 2. आगमन, 3. सन्तोष, 4. ईरान के एक शहर का नाम और वहाँ की हुकूमत की तरफ़ संकेत, 5. महफ़िल में शामिल होना, 6. आराम व सुख की इच्छा रखने वाला शराबी, 7. मस्ती की इच्छा, 8. शराब का आगमन।

(116)

न गाँधी की रफ़ाक़त[1] है, न साहब से तवस्सुल[2] है
फ़लक को देखता हूँ, बस ख़ुदा ही पर तवक्कुल[3] है

जो आक़िल[4] है वो मौक़े के मुताबिक़[5] काम करता है
हवा में है तो शाहीं[6] है, क़फ़स[7] में है तो बुलबुल है

(117)

ख़ुदा-ख़ुदा करो ख़ामोशी-ओ-अदब[8] के साथ
फ़िज़ूल जस्त[9] मुनासिब[10] नहीं है सब के साथ

(118)

कहीं ये शिकवा कि इनआम में निहाँ[11] है फ़रेब[12]
कहीं ये ग़ुस्सा कि शोर-ओ-फ़ुग़ाँ[13] है समूअ[14] ख़राश

कहीं ये तान[15] कि ये सामरी[16] है गाय-परस्त[17]
कहीं ये शुब्हा कि ख़रयज़ की खायेगा ये क़ाश[18]

कहीं ये ज़ज्र[19] कि मशरिक़ से इरतिबात[20] अबस
किसी पे क़हर कि ग़ैरत है नज्रे-ए-फ़िक्र-ए-मआश[21]

---

1. क़रीबी, 2. मेलजोल, 3. दारोमदार, आख़िरी आसरा, 4. समझदार, 5. अनुसार, 6. बाज़ पक्षी, 7. पिंजरा, 8. सभ्यता व शालीनता, 9. उछलकूद, 10. उचित, 11. छुपा हुआ, 12. धोखा, 13. रोना-पीटना, 14. श्रवण, सुनने में, 15. ताना, 16. क़ुरान का एक गाय को पूजने वाला पात्र, 17. गाय-पूजक, 18. फाँक, 19. फटकार, 20. मेल-मिलाप, 21. रोज़ी-रोटी पर न्यौछावर।

कहीं ये वसवसा[1], बुनियाद-ए-तख़्त सुस्त न हो
कहीं ये ख़तरा कि गिरने लगें न लाश पे लाश

कहीं ये फ़ैसला ये सब हैं मुल्क-ओ-क़ौम-फ़रोश[2]
कहीं ये क़ौल कि ये सब हैं रिन्द और ओबाश

जिधर उठायें नज़र, उनमें है अयाँ बाहम
उनाद-ओ-ग़ैबत-ओ-तौहीन-ओ-कीना-ओ-पर ख़ाश[3]

तग़य्युरात-ए-जहाँ[4] कौन रोक सकता है
हर एक पायेगा आमाल-ए-ज़ीस्त की पादाश[5]

फ़िज़ूल राय के इज़हार में जो हैं सरगर्म
ये शेर साइब[6] उन्हें ख़ामुशी सिखाये काश

तमीज़-ए-नेक-ओ-बदे-रोज़गार कार तू नीस्त
चू चश्माईना दर-ए-ख़ूब-ओ-ज़श्त हैराँ बाश

(119)

हमको इससे कुछ न मतलब है, न क़ील-ओ-काल[7] है
उनके सर पर ये उन्हीं की शामत आमाल[8] है

---

1. शंका, 2. देशद्रोही, 3. दुश्मनी, द्वेष, निरादर, व्यंग्य इत्यादि, 4. सांसारिक परिवर्तन, 5. कर्मों का फल, 6. सटीक, 7. बहस, 8. कर्मों का फल।

(120)

तजुरबा[1] तर्क-ए-तआवुन[2] का करें ये नौनिहाल[3]
गौर[4] में जो पाँव लटकाये हुए हैं, उनको क्या

ख़ातमा[5] बिल ख़ैर[6] है उनका पुराने राग पर
वो कहाँ पायें नये सुर और करें इस धुन को क्या

(121)

तुम रहो लिल्लाह इन नापाक झगड़ों से अलग
तुम को क्या मतलब है उनसे लज्म-ए-ख़र दंदान-ए-सग

(122)

साहब से रुके तो राहतों को तरसे
शौकत से अगर फिरे तो लानत बरसे

बेहतर है कि पड़े रहो तवक्कुल[7] ब-ख़ुदा
बाहर रखो क़दम न अपने घर से

(123)

असर दौर-ए-फ़लक का पड़ रहा है जो ज़माने पर
तुम्हारे ये रजूलेशन उसे कम कर नहीं सकते

---

1. अनुभव, 2. असहयोग, 3. बच्चे, 4. क़ब्र, 5. समाप्ति, 6. आख़िरकार, 7. ईश्वरीय इच्छा।

करेंगे वो तरक़्क़ी हम, जो है ज़ाती व रूहानी
तुम्हारे साथ इस ज़िल्लत का मातम कर नहीं सकते

(124)

हज़ारों ही तरीक़ों से हम अंग्रेज़ों को घेरे हैं
तवाफ़[1] उनके घरों का है, उन्हीं सड़कों पे फेरे हैं

सवारी है उन्हीं की, राह उनकी और डाक उनकी
उन्हीं की फ़ौज है उनकी पुलिस है और ताक उनकी

हवा में एअर शिप उनके, समन्दर में जहाज़ उनके
अमल हम में किया करते हैं, नामालूम राज़ उनके

उलूम[2] उनके, ज़ुबाँ उनकी, प्रैस उनकी, लुग़ात[3] उनके
हमारी ज़िन्दगी के सारे अज्ज़ा[4] पर हैं हाथ उनके

बहुत ऐसे हैं जो तर्क-ए-तआवुन[5] के भी क़ायल[6] हैं
मगर ऊँचे जो हैं, अक्सर तरफ़ इंगलिश के माइल हैं

फ़क़त ज़िद है जो कहती है कि 'जब अपनी ज़ुबाँ खोलो
हमारे पेशवा-ए-मुल्क गाँधी जी की जय बोलो'

क़राइन[7] कह रहे हैं आ रहा है दौर फ़ितनों का
हवाएँ वो चलेंगी नक़्श मिट जायेगा कितनों का

---

1. परिक्रमा, 2. विद्वान, 3. शब्दकोश, 4. अंश, अवयव, 5. असहयोग, 6. प्रशंसक, 7. पाठक।

किसी की चल सकेगी क्या, अगर कुर्ब-ए-कयामत[1] है
मगर इस वक़्त इधर चर्चा, उधर उनकी वज़ारत है

(125)

उनमें न रंग-ए-दरविश, उनमें न शान-ए-शाही
गाली है और ज़िन्दाँ, चरख़ा है और इंजन

ज़राफ़त
(हँसी-मज़ाक)

(126)

मौलवी जेल में पिटने को जो मूँज उठता है
गुम्बद-ए-चर्ख़ मेरी आह से गूँज उठता है

(127)

भाई मुस्लिम रंग-ए-गरदूँ[2] देखकर जागे तो हैं
ख़ैर हो क़िबले की लन्दन की तरफ़ भागे तो हैं
कहते हैं बुत, देखें कैसा रहता है उनका सुभाव[3]
हार कर सबसे मियाँ हमरे गले लागे तो हैं

---

1. क़यामत नज़दीक, 2. आसमान का रंग, 3. स्वभाव।

(128)

उठे हैं ग़रबी सा ता रोहन
लपको, पेरो, भागो मोहन

(129)

हुक्काम[1] हैं ख़ज़ाना-ओ-तोप-ओ-रफ़ल के साथ
ख़ुद्दाम[2] हैं शगूफ़ा-ए-तर्क-ए-अमल[3] के साथ

बाज़ू में याँ[4] न ज़ोर, गले में न शौक़-ए-शोर[5]
हम तो मुशायरे में हैं अपनी ग़ज़ल के साथ

(130)

इण्डिया ने कमर तो बाँधी है
कोई शौकत है, कोई गाँधी है

लेकिन अब भी बहुत से हैं अड़ियल
सिर्फ़ पुस्तक है और गाँधी है

(131)

मज़ा गालिब बहुत है गंगू व ननकू पे रेशन का
ये मुश्किल है असर उन पे हो नॉन कोऑपरेशन का

---

1. शासक, 2. प्रजा, नौकर, 3. असहयोग की भावना, 4. यहाँ, 5. शोर मचाने का शौक़।

(132)

मज़हब वापिस, ख़याल-ए-जन्नत वापिस
मस्जिद का वो हक, वो नज़्र-ओ-दावत[1] वापिस

हज़रत ने ये साफ़ कह दिया सबसे कि मैं
करने का नहीं ख़िताब-ओ-ख़िलअत[2] वापिस

(133)

हिन्दू-ओ-मुस्लिम हैं हैराँ दोनों, ग़रबी दौर में
शोख़ी अतफ़ाल-ए-ख़ुद सर-ए-क़ाबिल इज़हार नीस्त

जब बुलाया ख़तने को, लड़का ये कह कर चल दिया
काफ़िर-ए-इश्क़म, मुसलमानी मेरा दरकार नीस्त

जब जनेऊ को बुलाया, तिफ़्ल हिन्दू बोल उठा
हरगिज़ मन तार गुशा, हाजत-ए-ज़ुन्नार नीस्त

है बिला शक क़ाबिल-ए-इस्लाह तालीमी निज़ाम
एतराज़ मौतरज़ मस्तू जब इन्कार नीस्त

(134)

मुश्तबा तेरी दुआ का असर ऐ 'अकबर' है
रज़ूलेशन के पटाख़े से मगर बेहतर है

---

1. उपहार व दावतें इत्यादि, 2. सम्मान व पुरस्कार।

(135)

पतलून के बटन से धोती का पेच अच्छा
दोनों से वो जो समझे दुनिया को हेच[1] अच्छा

(136)

भाई गाँधी का निहायत ही मुक़द्दस[2] काम है
रामपुरी साथ हैं और राम ही का नाम है

(137)

न छोड़ो भाई गाँधी की हज़ूरी
खिला ही देंगे तुमको राम पूरी

(138)

नाम में गांधी के है दिलचस्प सनअत[3] ये निहाँ
आन भी इसमें, गाय भी इसमें दही भी घी भी है

(139)

कहा गाँधी से कि 'मौज़ूँ[4] नहीं ये आपका काम'
हँस के बोले कि 'मक़्फ़ा है सरीहा ये निज़ाम'[5]

आप का ज़ोर तो जंगी नये आलात[6] में है
क़ाफ़िया इसका फ़क़त 'तर्क-ए-मवालात' में है

---

1. तुच्छ, 2. पवित्र, 3. कलाकारी, शिल्प, 4. उचित, 5. शासन-तन्त्र, 6. हथियार, अस्त्र-शस्त्र।

(140)

तिब्ब-ए-देहली[1] की मदद से बुत की सेहत बढ़ गयी
क़ुदरत-ए-बारी[2] से बुतख़ाने की शौकत बढ़ गयी

दण्डवत जब शेख़ साहब ने भी की पेश-ए-सनम
गाँधी आँधी हो गये, चेलों की हिम्मत बढ़ गयी

'ऑक्सन' भाई ने क़ुरबानी तअस्सुब[3] की जो की
'जान' बुल चुप हो गये, गायों की वुक़अत[4] बढ़ गयी

(141)

बुद्धू का लफ़्ज़ था फ़क़त इक मस्लहत[5] की बात
दिल में मेरे निहाँ[6] जो है मेरे जी की बात

(142)

ये जमाअत देखिए, ये ढोल-ताशा देखिए
दौड़ना यारों का ऐसा बेतहाशा देखिए

आपने ताक़त की तो जौलानियाँ[7] देखीं बहुत
ज़ौफ़[8] के हैजान[9] का भी अब तमाशा देखिए

---

1. देहली की दवाई, 2. ईश्वरीय कृपा, 3. अनुचित बताना, 4. अहमियत, 5. रहस्य, 6. छुपी हुई, 7. चुस्ती-फुर्ती, 8. कमज़ोरी, 9. जोश।

(143)

आगे तुम्हारे रंग किसी का नहीं जमा
जै हो तुम्हारी ऐ मेरे गाँधी महात्मा

लेने के तुम नहीं हो गोरमेंट की मदद
चूरन को क्या ज़रूर पिपरमेंट की मदद

(144)

स्वराज आपके अहबाब ने पाया जो, ऐ हज़रत
तो ये फ़रमाइए फिर क्या करेगी आपकी मिल्लत

वो बोले मिस्र तक अंग्रेज़ होंगे हमसफ़र अपने
वो चल देंगे वहाँ से सू-ए-लन्दन और हम मक्के

(145)

हर चीज़ हो ऐ जनाब वापिस
ओहदा वापिस, ख़िताब वापिस

ऑनर पे नहीं जिसका क़ब्ज़ा
वो भी कहता है बेमुहाबा

"गुस्से को करूँ मैं ज़ब्त ता चन्द
वापिस पतलून, लाओ तह बन्द"

रखूँ गालों को क्यूँ सफ़ाचट
वापिस लूँगा मैं रीश झटपट

होगी वही दिल-नवाज़ अपनी
वापिस लूँगा नमाज़ अपनी''

कीने मोटर से बढ़ रहे हैं
लाला फिर रथ पे चढ़ रहे हैं

बीवी भी ख़ुदा से अब डरेंगी
वापिस बेपरदगी करेंगी

बेहतर है न देखो पेश-ओ-पस
अल्लाह को कर दो जान वापस

जब तक है तुम्हारे जिस्म में जान
लिपटा ही रहेगा तुम से शैतान

(146)

पाँव में उनके तुमने ज़ंजीर क्यों न बाँधी
बोले कि, शेख़ बन कर उट्ठे नहीं हैं गाँधी

(147)

रात नॉन कोऑपरेशन की जो उसने ठान ली
हो गया लाचार मैं, आख़िर रज़ाई तान ली

(148)

अफ़लाक एयरशिप पे, ज़मी सर पे गाँव के
अफ़सोस शेख़ जी का ठिकाना कहीं नहीं

(149)

पर[1] हो तो औज[2] देखो, ख़र[3] हो तो घास देखो
हम क्या समझायें तुमको, अपनी निकास देखो

(150)

पूछता हूँ, आप गाँधी को पकड़ते क्यों नहीं
कहते हैं, आपस में ही तुम लोग लड़ते क्यों नहीं

पेच क़िस्मत के तुम्हारे जब दिखायेंगे कजी[4]
आदिलाना[5] रंग में उठकर करेंगे हम जजी

(151)

एक शौकत और ज़ियाउद्दीन[6] वज़ाओ-ख़ू[7] में हैं
फ़र्क़ इतना ही है वो जंगल में हैं, ये ज़ू[8] में हैं

(152)

रक्खे अल्लाह आपका गाँधी का जोड़ा बरक़रार
आपके हों ख़ान सामाँ और उनके हों कहार

(153)

जान उनकी कहीं तर्क-ए-मवालात[9] न मारे
कहते हैं कही तुर्क[10] मवा[11] लात न मारे

---

1. पंख, 2. ऊँचाई, 3. गधा, 4. टेढ़ापन, 5. न्यायपरक, 6. अलीगढ़ कॉलेज के प्रिंसिपल, 7. जोश, उत्साह, 8. चिड़ियाघर, 9. असहयोग आन्दोलन, 10. तुर्की, 11. मुसलमान।

(154)

मुँह से अल्फ़ाज़ कुछ निकाले हैं
चुप हैं वो जो समझने वाले हैं

शेख़ जी को ज़रा घुसाना है
लाला साहब तो देखे भाले हैं

(155)

अब जो साहब लोग मरते हैं तो कहते हैं ये बात
'आक़िबत[1] जो कुछ भी हो, साहब से तो पीछा छूटा'

(156)

नहीं हरगिज़ मुनासिब पेश-बीनी दौर-ए-गाँधी में
जो चलता है तो आँखें बन्द कर लेता है आँधी में

(157)

बुत बन गये ख़ुद शेख़ तो गाँधी से लड़े कौन
साहब ही हैं ख़ामोश तो आफ़त में पड़े कौन

टट्टू हैं, तरक़्क़ी के रिसाले के हैं दाग़ी
और ऐड भी ऑनर का है, फिर कहिए अड़े कौन

---

1. अंजाम।

(158)

न टमटम है, न मोटर है, न घोड़ा है, न हाथी है
नमूद[1] उनको मुबारक, बन्दा तो छकड़े[2] का साथी है

(159)

गाँधी तो हमारा भोला है और शेख़ ने बदला चोला है
देखो तो ख़ुदा क्या करता है, साहब ने भी दफ़्तर खोला है

ऑनर की पहेली बूझी है, हर इक को तसल्ली सूझी है
जो चोकर था वो सूजी है, जो माशा था वो तोला है

यारों में रक़म अब कटती है, इस वक़्त हुकूमत बटती है
कैम्पों में तो ज़ुल्मत हटती है, बेनूर मुहल्ला-टोला है

(160)

सब लोग कह रहे हैं कि दीं-दार भूत है
आमिल[3] के वास्ते भी महल्ले-सकूत[4] है

(161)

पूछते क्या हो हम से तुम फ़तवा
ना करो हम पे बाब-ए-आफ़त[5] वा[6]

---

1. सामने आना, प्रकट होना, 2. खटारा, 3. विद्वानों, अधिकारियों, 4. चुप्पी का वातावरण, 5. आफ़तों का द्वार, 6. खोलना।

इतना कहते हैं रिश्ता मुल्क से हो,
चर्ख़[1] पर जा[2] भी दे अगर कतवा[3]

(162)

मच्छरों पर कहाँ तलक ये चार्ज
नाबदान[4] अपना देखें लाइड जार्ज

(163)

तबअ-गाँधी[5] व गोरमेंट को बहम[6] न करो
हाथापाई है शब-ए-वस्ल[7] की, कुछ ग़म न करो

(164)

मय-फ़रोशी[8] को तो रोकूँगा, मैं बाग़ी ही सही
सुर्ख़[9] पानी से है बेहतर मुझे काला पानी

(165)

बुत-ए-खुद बीं[10] ने नीयत की है मुझ से बेवफ़ाई की
तरंग आयी है उसके दिल में भी गाँधी-अदाई की

---

1. आकाश, 2. जगह, 3. ईश्वर का दूत, 4. मकान की मोरी, नाली, 5. गाँधी की विचारधारा, 6. परस्पर, मिलाना, 7. मिलन की रात, 8. शराब बेचना, 9. लाल, 10. अभिमानी प्रेयसी।

(166)

किया तलब जो स्वराज भाई गाँधी ने
मची ये धूम कि ख़यालात की क्या बात

कमाल प्यार से अंग्रेज़ ने कहा उनसे
हमीं तुम्हारे है, मुल्क-ओ-माल की क्या बात

(167)

तेग़[1] ज़ुबाँ की देखो, हर सू[2] बरहनगी[3] है
बाबू के हौसले हैं, साहब की दिल्लगी[4] है

(168)

शब-ए-विसाल[5] में गाँधी का वाज़[6] आफ़त है
ये हुक्म है कि न बढ़िए मसास[7] की हद से

हर इक की रग में नहीं है सुकून-ए-रूहानी
ये ज़ब्त सहल नहीं, जज़्बा-ए-मुजर्रद[8] से

निगाह दूर ही रक्खो, ख़याल काफी है
बजुज़[9] फ़साद के हासिल नहीं कुछ इस कद[10] से

---

1. तलवार, 2. हर तरफ़, 3. नंगी तलवार, 4. हँसी-मज़ाक़, 5. मिलन की रात, 6. सोचना, 7. चुम्मा-चाटी, 8. कुँवारे इनसान की भावना, 9. सिवाय, 10. वैमनस्य, द्वेष।

(169)

गाँधी से क्यों हो वहशत, बातिन की मिस्टरी है
शौकत से क्यों न खटकें, उनकी तो हिस्टरी है

(170)

जी की भी सदा उठेगी, चरख़े भी चलेंगे
लेकिन ये समझ लीजिए साहब न टलेंगे

(171)

है सल्तनत की ख़्वाहिश, लेक्चर में तन रहे हैं
साहब बना रहे हैं, हम लोग बन रहे हैं

(172)

गाँधी ने मान ली है मदन-मोहनी सलाह
हिन्दी तो थे ही, अब मदनी भी वो हो गये

(173)

हज़रत-ए-गाँधी फिरे हैं शिमला-ए-पुरनूर से
वापसी मूसा की याद आयी है कोह-ए-तूर से

मुश्तहर[1] अख़बार में कर दें इसी मज़्मून[2] को गूज
और बन्दों को भी हासिल होने वाला है अरूज[3]

---

1. विज्ञापन देना, 2. लेख, 3. उच्चता, बुलन्दी।

(174)

ढीठ जब हद से सिवा ये नॉन को-अपरू हो गये
चुप हुए चिन्तामणि, ख़ामोश सपरू हो गये

(175)

मुनतिक़ बुतान-ए-हिन्द में बेकार है जनाब
ऑनर की चाट दीजिए, बस जायें ये बदल

इज़हार-ए-इश्क़ से न पसीजेंगी बाई जी
उनसे मसास कीजिए, जायेंगी ये पिघल

(176)

नहीं कहता कि छोड़ो शग़ल-ए-मुल्की दर्दमन्दी का
बस इक नज़ारा कर लो आके शिमला की बुलन्दी का

(177)

इज़हार-ए-जोश-ए-तबअ में वक़्त अपना खो चुके
ऊँघे जनाब-ए-शेख़ भी, गाँधी भी हो चुके

पण्डित सिखायें बीच में पड़ के तो क्या करें
काबुल के बुल से गाय जो भड़के तो क्या करें

साहब का भी भला हो के मामन सुझा दिया
पण्डित का भी भला हो के शोला बुझा दिया

(178)

बराय मा ब सर-ए-तख़्त ख़यूश जा कर दी
दिल-ए-हरीस मिरा ग़ाफ़िल अज़ ख़ुदा कर दी

मिरा सत नाज़ व तख़बीर कि ज़र बदस्त आमद
तिरा सत ख़न्दा व बाज़ी कि ख़र बदस्त आमद

(179)

नम्बरी गज़ लीजिए, गाँधी का चरख़ा लीजिए
कीजिए बिरगिड से हिजरत, मुझसे ख़रचा लीजिए

(180)

ऐ ख़ुदा मुझको कर दे साहब लोग
दूर हो मुझ से जनम का रोग

मेरा क़ालिब हो क़ालिब-ए-ग़रबी
भूल जाऊँ ज़बान भी अपनी

रंग चेहरे का मेरे जाये बदल
कर दूँ ईजाद मैं भी तोप-ओ-रफ़ल

सोके उट्ठूँ जो आज सुबह को मैं
लोग समझें कि लाट साहब हैं

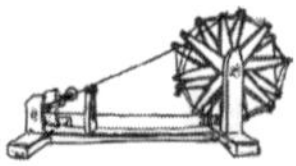

(181)

इंक़िलाब आया, नयी दुनिया नया हंगामा है
शाहनामा हो चुका, अब दौर-ए-गाँधीनामा है

(182)

जो अमन सभा की परियाँ हैं, वो पुख़्ता रविश में ख़ाम नहीं
देवों ही से मतलब रखती हैं, उनको तलब-ए-गुलफ़ाम नहीं
इस दौर में अपने कमरे में क़ाने[1] न रहो इक बोतल पर
साक़ी वो नहीं, वो बादा नहीं, वो बज़्म नहीं वो जाम नहीं

(183)

हुक्काम से नियाज़[2] न गाँधी से रब्त[3] है
'अकबर' को सिर्फ़ नज़्म-ए-मज़ामीं[4] का ख़ब्त[5] है

हँसता नहीं वो देखकर इस कूद-फाँद को
दिल में तो क़हक़हे हैं मगर लब पे ज़ब्त[6] है

(184)

जो हैं मालवी[7] और शौकत मियाँ
लगे करने आपस में सरगोशियाँ[8]

---

1. सन्तुष्ट, 2. श्रद्धा, 3. वास्ता, 4. तात्कालिक विषय, 5. जुनून, पागलपन, 6. संयम, 7. हुकूमत, शासक, 8. कानाफूसी।

जुदा जब हुए और मिले बज़्म में
तो पाया गया ये दिली अज़्म[1] में

वो बोले कि काबुल से होगा गज़न्द[2]
करेंगे हम अंग्रेज़ ही को पसन्द

ये बोले कि हिन्दू का होगा जो रूल
हम अंग्रेज़ ही को करेंगे क़ुबूल
न था उनके आपस में कुछ इससे रंज
ये पढ़ने लगे हो के वो नग़मा-संज

करीमा, बजशाय बर हाले-मा
कि हस्तम असीर-ए-कमन्द-ए-हवा

(185)

सच ये है कि यारों ने बड़े ज़ोर लगाये
सोती हुई क़िस्मत को मगर कौन जगाये

गुम एक ही झोंके में गुला-ए-सर्व-ओ-सनोबर
दुम गाय की वाँ हिल गयी और फिर वही गोबर

(186)

गाँधी और मालवी[3] हैं गो यक-दिल[4]
इख़्तिलाफ़ात[5] कुछ हुए ज़ाहिर

---

1. प्रण, 2. नुक़सान, 3. मदन मोहन मालवीय, 4. एक मत, 5. मतभेद।

मुख़्तलिफ़[1] नाप के हैं दोनों सिरे
गाओ दुम होके रह गये आख़िर

(187)

ख़वान-ए-क़ुबूल[2] पर हैं ये दोनों चुने हुए
दोनों ही के जनाब-ए-मुअज़्ज़म[3] कफ़ील[4] हैं

हाँ एक को ज़ियादा चबाना ज़रूर है
पीसी है, ज़ूद हज़्म[5], कलेजे सकील[6] हैं

(188)

कहा उनके बुहरे ने गो हों शरीक, ख़यालात में बाबा गाँधी के साथ
मैं समझूँगा लेकिन यही होम रूल, तअल्लुक़ जो हो जाये आया के साथ

(189)

इस वक़्त शेख़ साहब को गाँधी से मेल सूझा
साहब ने रोक चाही, उनको भी खेल सूझा

दोनों ने आख़िर अपनी अपनी निकास देखी
इस्कीम इनको सूझी और उनको जेल सूझा

---

1. विविध, विभिन्न, 2. लोकतान्त्रिक आधार, 3. आदरणीय, 4. सम्मानित, 5. हाज़मेदार, 6. बोझिल।

(190)

भाई गाँधी ले के बैठें शरह-ए-माक़ूलात-ए-हिन्द[1]
सबके हिस्से में रहेंगे फिर भी माक़ूलात-ए-हिन्द[2]

शिर्क[3] फैला हो जहाँ लाज़िम है इक सरकूब[4] भी
मुद्दतों से है यही अज़जुमला मामूलात-ए-हिन्द[5]

(191)

मुर्ग़ा क्योंकर बनेगा बिल्ला
ऐसा जो कहे वो है चिबिल्ला

हरगिज़ नहीं बाज़ भाई कल्लू
हुद हुद को बना देता है उल्लू

धोती अरमाँ निकालती है
पतलून पे पेच डालती है

(192)

भाई गाँधी ख़ुदसरी की आरज़ू के साथ हैं
और साहब लोग ग़रबी रंग-ओ-बू के साथ हैं

मालवीय जी सबसे बेहतर हैं मेरी दानिस्त में
यानी मन्दिर में हैं और अपनी गऊ के साथ हैं

---

1. हिन्दुस्तान की न्याय-शास्त्र की पुस्तकों की व्याख्या, 2. हिन्द में खाने-पीने की चीज़ें, 3. पाप, अधर्म, 4. दमनकारी, 5. रोज़मर्रा के काम।

(193)

भाई गाँधी ने मुल्क से जय ली
लाट साहब की पोलिसी फैली

थे जो चलते हुए वो रुक ही गये
लद गयी उन पे कैश की थैली

(194)

वो बग़दाद में हैं, मैं मन्दिर में गुम हूँ
शुतुरकीना[1] वो हैं, तो मैं गाओ-दुम[2] हूँ

(195)

इन्सान को तहफ़्फ़ुज़[3] अपना भी है ज़रूरी
वो सर बुरा कि जिसको परवा न हो चपत की

(196)

विदेशी पारचे में आग क्यों हज़रत लगाते हैं
वो बोले, बात तो ये है कि साहब को जलाते हैं

(197)

हमें चरख़ा वो क्यों देते हैं, क्यों खद्दर पहनाते हैं
वो बोले, तुम क़ुली हो, शक्ल भी वैसी बनाते हैं

---

1. ऊँट के जैसा, 2. गाय की दुम, 3. सुरक्षा।

यही बेहतर है, सूरत और मानी में हो यकसानी
लिबास उनका कुली क्यों मोल लें, है ये तो नादानी

(198)

साइंस की तरक़्क़ी तो फ़ैज़-ए-इर्तिक़ा[1] है
लेकिन ज़हूर-ए-गाँधी[2] फ़रमाइए ये क्या है

❑❑

1. उन्नति का परिणाम 2. गाँधी का उद्‌भव।